SECOND VOYAGE EN ITALIE,

1840,

Par H. DORGAN, professeur,

Membre de la Société Française pour la description et la conservation des monumens historiques, etc.

PREMIÈRE LIVRAISON.

Marmande,

Imprimerie de Pélousin, rue Labarrière.

1844.

SE VEND :

A Marmande, chez M. Pélousin, imp.ʳ ;
A Casteljaloux, chez M. Dorgan.

SECOND VOYAGE EN ITALIE,

1840,

Par H. DORGAN, Professeur,

Membre de la Société Française pour la description et la conservation des monumens historiques.

Content du peu de jours qu'il saisit au passage
Il se hâte d'en faire usage
Pour le bonheur et la vertu !!

Introduction.

Voir Naples, et mourir, a écrit un auteur célèbre !! Aussi qui pourrait compter le nombre des voyageurs et des pélerins qui ont visité l'Italie, ce foyer des grands souvenirs, ce ciel toujours azuré, le plus beau ciel de l'univers ! Que n'a-t-on pas dit, que n'a-t-on pas raconté de cette terre fortunée !! Et cependant le sommaire que nous avons tracé plus bas, prouve qu'on n'a pas tout écrit, et qu'en laissant malicieusement dans l'oubli, ou en altérant les souvenirs religieux de l'Italie, on a privé le tableau de ses plus riches couleurs. Les lettres de Dupaty, qui ne vit qu'en courant Gênes, Florence, Rome et Naples, sont un élégant tissu d'erreurs, de mensonges et de réflexions impies que réprouve même le bon goût. Le fanatisme comme l'impiété, sont deux choses horribles !! D'autres voyageurs célèbres ont écrit également, quoique avec plus de respect pour la vérité, sur presque toutes les contrées de l'Italie; mais quelle foi ajouter aux récits d'écrivains qui voient les pays à vol d'oiseau, n'ont ni le temps, ni le plus souvent la capacité, ou la volonté d'étudier les personnes et les choses, et n'en parlent qu'avec les préjugés du protestantisme ou une passion outrée. Nous espérons que ces lettres, écrites sans prétention, car elles ne sont que l'expression sincère d'une ame convaincue qui s'épanche dans le sein de l'amitié, jetteront un nouveau jour sur ce qui existe et se passe au-delà des Alpes ! et satisferont même les personnes les plus prévenues ! Celui qui respecte la vérité méprise la critique.

PREMIÈRE LETTRE.

Demain, je quitte Paris. Comme vous le pressentiez, je vais revoir cette terre où fleurissent le citronnier et l'oranger, et où le palmier solitaire vous montre le chemin de l'Orient. Oh! pourquoi, ne nous est-il pas permis de visiter ensemble ce beau ciel de l'Italie, ce ciel enivrant, qui décharge l'ame des plus noirs chagrins, la berce, malgré tout, dans des voluptés qu'on ne croit pas de ce monde. On y oublierait même la patrie, si la France pouvait s'oublier.

Une promesse est sacrée. Je vous envois donc mon mot sur Paris. Un auteur moderne le définit le paradis des dames, le purgatoire des hommes et l'enfer des chevaux. C'est quelque chose; mais Paris est aussi la ville qui, sous le rapport matériel, n'a pas de pareille; c'est la capitale du monde. J'ai cherché vainement dans mes longs voyages une ombre de sa grandeur, de sa magnificence! Rome l'éclipse par ses monumens antiques, le surpasse par ses incomparables églises; Milan le copie; Londres et Madrid le jalousent, mais Paris est là entouré du merveilleux Versailles, de ses mille châteaux, comme la reine des cités modernes exerçant son empire sur les peuples de l'Europe, en leur donnant les usages de la vie, les sciences, les arts et l'urbanité. Paris est un monde, et ce vaste monde se compose d'un peu de tout ce qu'il y a sur la terre de plus riche et de plus pauvre, de plus savant et de plus ignorant, de plus probe et de plus scélérat, de plus élégant et de plus déguenillé, de plus religieux et de plus impie; c'est le foyer de la civilisation et de la corruption.

On a tant dit, tant écrit sur Paris jusqu'en 1830, que je ne vous en parlerai que depuis cette époque. Les journées de juillet !... On n'en parlerait plus, si elles ne marquaient pas dans l'histoire l'avènement au trône de France d'une nouvelle dynastie et l'exil de la branche aînée des Bourbons ! Les vainqueurs, à cette bataille des trois jours, prétendent que ce ne fut pas une révolution ! Personne ne s'y trompe ; le problème est résolu : et pour jeter peu à peu ces trois jours dans l'oubli, on a restauré les monumens endommagés. Partout les pavés sont à leur place. Le

Louvre, les Tuileries, le palais de l'Institut, les édifices publics et particuliers sont réparés. Il ne reste plus des souvenirs de juillet que quelques tombes éparses devant le Louvre, dans le marché des Innocens et dans un coin du Champ-de-Mars; une place nette au lieu où s'élevait l'archevêché : d'immenses regrets : une colonne vide qui doit recevoir les restes des victimes qu'on appela un instant héros; une famille belle, nombreuse et opulente qui s'est assise sur un des plus glorieux trônes du monde, et un jeune prince, rejeton de soixante-dix rois dont tout le patrimoine reste à la France, qui n'a que l'exil pour héritage ! Il portera toujours sur son ame, comme un poids douloureux, l'exclamation de son aïeul Louis XVIII, 1814 : *ah ! qu'il est doux de se reposer dans le palais de ses pères !!*

L'église de Saint-Germain-l'Auxerrois, qu'avait dévasté le peuple dans une colère insensée pendant le procès des ministres de Charles X, et dont il peut bien demander pardon à Dieu et aux hommes, vient d'être enfin rendue au culte.

Sur la place de la Bourse, on ne peut se défendre d'une pénible impression. C'est là qu'en 1833, des assommeurs se donnaient librement carrière ! Au nom de qui ? L'histoire le dira.

J'ai visité et examiné longtemps les rues des quartiers Saint-Merry, Saint-Denis et Saint-Martin, foyers de toutes ces émeutes qui ont ensanglanté Paris à plusieurs reprises, et ont amené, hélas ! les massacres de la rue Transnonain. J'ai vu l'endroit où le misérable Fieschi avait dressé sa machine infernale, et aux Invalides j'ai trouvé les tristes et solennelles funérailles qu'il avait occasionné. Les réactions amènent l'émeute, et les émeutes et les attentats amènent nécessairement les réactions. Funestes nécessités !! Fruits amers et déplorables de la corruption humaine, car ils ne laissent pas dormir les rois sur les trônes et conduisent plutôt ou plus tard à la guerre civile et à de désastreuses révolutions. Le sort des rois est d'être trompés par des ministres flatteurs et ambitieux, qui perdent insensiblement les plus nobles dynasties ! Terrible fatalité des rois, de ceux même que les peuples aiment !

L'église la plus élégante et la plus coquette qu'on puisse voir, c'est Notre-Dame-de-Lorette, qu'on vient d'achever. Les spirituelles de Paris l'appellent *le boudoir de la Vierge*. Cette église, en effet, est plus faite pour inspirer des idées mondaines et voluptueuses que chrétiennes ! Ah ! pourquoi, avec des sommes si immenses ne construit-on pas des églises au style sévère, simple, majestueux et imposant. Qu'on aime mieux prier, et qu'on prie mieux dans ces églises sombres et ténébreuses, où l'ame se recueille malgré elle, et demande la lumière qui est Dieu. La fameuse église, la Madeleine, également terminée, sauf quelques décorations intérieures, lui est de beaucoup préférable, quoiqu'on lui ait donné la forme d'un temple grec. Napoléon, ce géant providentiel, dont la présence a opéré un bouleversement général dans les idées, avait songé à la consacrer à son armée qui vainquit les peuples du monde et ne put être détruite que par les élémens. L'histoire de ce grand homme sera un jour fabuleuse pour la postérité.

L'obélisque de Louqsor, qui s'élève avec ses formes graves et mélancoliques comme l'aspect du désert, au milieu de la place, peut être la plus belle, la plus riche en statues, candelabres dorés, et la plus coquette de l'Europe, est un contresens. Ce marbre semble sensible aux rigueurs de l'exil et parait regretter ses sables brûlans ; car l'humidité du climat de Paris, surtout le froid, l'éprouve tellement qu'il est déjà fêlé. Le jour de l'érection de cet obélisque fut une des belles fêtes du règne de Louis-Philippe. Il est juste de dire que jamais on ne fit tant pour l'embellissement de Paris que depuis l'avènement de ce roi, qui, quoiqu'on en dise, est le prince le plus intelligent, le plus expérimenté, le plus capable et le plus adroit des souverains de l'Europe. Il sait, mieux que personne, que la paix coûte cher à la France, mais il est convaincu aussi qu'un jour elle pourra mieux se dédommager !! On n'a pas toujours des Napoléon, ni ses circonstances !!...

Sur la place Vendôme, j'ai trouvé le souvenir de la plus terrible leçon que la providence puisse donner aux rois de la terre. La colonne qu'on voit au milieu de cette place est un beau monument, élevé à la gloire de la grande armée. Elle est haute de 71 mètres, revêtue de 800,000 livres de bronze provenant de 1,200 canons pris sur les Russes et les Autrichiens. Quel souvenir ! Que de gloire !

Depuis 1833 la statue de Napoléon a été replacée sur la colonne. Là un cœur français respire, mais en même temps une pensée l'accable ! La victoire avait écrit le nom de Napoléon au

Kremlin, sur les pyramides d'Égypte; traîné derrière son char les rois vaincus de l'Europe, et tout cela, pour le laisser mourir ensuite, seul, sans famille, torturé, outragé sur un rocher désert à quelques mille lieues de sa patrie ! Mais l'heure de la providence avait sonné, sans cela il serait encore debout, car il n'avait pas été donné aux hommes de le vaincre ! Napoléon tyrannisa la France ivre de victoires ! C'est pourquoi, oubliant son sceptre de fer, et ne songeant qu'aux succès de nos armes, le peuple parisien lui a voué un culte, et vient déposer tous les jours, au pied de cette colonne, des couronnes et des fleurs.

Ma lettre serait trop longue si je vous parlais des monumens qu'on élève, ou qu'on restaure à Paris. Je m'arrête donc, car il me tarde de quitter cette ville, où l'on s'ennuie à mourir ! N'y venez jamais pour y jouir de la vie ! On ne peut y regarder le ciel, sans exposer ses jours, ou respirer un air pur ! Quatre lieues de chemin pour visiter un ami; heurtant partout des voitures ou des passans, dont les uns, manières à outrecuidance, ne marchent que dans l'or, la soie et les broderies, et les autres halés, flétris par la faim et l'extrême misère, se traînent couverts de haillons, condamnés qu'ils sont à l'avilissement et à la souffrance ! Et tandis que le soir, dans les somptueux et opulents palais, on vante les jouissances et les plaisirs de la capitale, dans des masures décrépites et puantes, dans les caves humides du Palais-Royal, *à la Souricière,* des milliers de pauvre créatures humaines, qui n'ont pas où reposer la tête, viennent chercher pêle-mêle hommes, femmes, filles et enfans, sur une fétide litière de paille, ou de sales chiffons, quelques instans de repos que la faim leur dispute ! Que manger à Paris ? Si le sort vous condamne à vivre à l'hôtel ou chez le traiteur, du pain sans goût, du vin empoisonné, des sauces ou salmis de rats et de chats, qu'on cuisine au faubourg, dans d'immenses marmites; des côtelettes de chien panées ! Que vous dire des pâtés, des saucisses ! En vérité, ce serait à ne pas y croire, si les découvertes de la police n'étaient pas là pour confirmer ce que je vous dis. Mais ne vous effrayez pas : ve à Paris, avec beaucoup d'argent; n'allez pas demander chez quelques traiteurs renommés un déjeûner de quarante centimes ou un dîner de soixante-quinze; dépensez beaucoup, et vous aurez quelque chose de mieux, mais jamais un déjeûner ou un dîner de province, où tout est frais, sans fraude et exquis ! Il ne faut pas s'étonner qu'à Paris la jeunesse y soit flétrie, la vieillesse hideuse et l'âge mur mélancolique et sombre ! L'existence s'use vite dans un monde où rien ne contribue à la conserver !! Aussi qu'il me tarde de respirer l'air d'un ciel plus pur et de soulager ma pensée trop souvent fatiguée des réflexions qui me viennent sur Paris.

Adieu.

SECONDE LETTRE.

Lyon, 10 février 1840.

Si nous n'avions eu à faire qu'avec la fatalité, nous n'arrivions jamais à Lyon. Juste ciel quelles routes ravinées, défoncées ne faut-il pas périlleusement traverser pour arriver dans cette ville en diligence ! Malgré tout, le voyage a été rapide et heureux ! Voici notre itinéraire.

En quittant Paris, je saluai encore, en longeant la colonnade du Louvre, les cendres des inutiles héros de juillet ! J'envoyai au ciel une prière pour eux !! N'étaient-ils pas chrétiens, nos frères, et ne leur avait-on pas dit pour les égarer que la patrie avait besoin de leur sang !.. A cinq heures du soir nous étions à Melun. Un jour de marché ou de foire, toutes les villes sont agréables et belles; c'est pourquoi Melun ne nous parut pas désagréable !! On nous avait débarqués dans une espèce d'auberge que le baron L.. traitait raisonnablement de gargotte, mais qu'on nommait, malgré tout, *l'Hôtel de la Diligence !!* Pour trois francs, on vous y régale de bouillon enfumé, de saucisses croquantes, de rosbif carbonisé et d'un vin justement potable. Que voulez-vous? c'est le sort des voyageurs ! Ils sont une marchandise qu'on exploite et qui doit se rendre à discrétion. En diligence, crie le conducteur. Nous quittâmes donc Melun sans regret. Il était déjà nuit. A quelque distance de cette ville des flammes blafardes, tantôt plus ou moins animées, luttaient majestueusement contre les ténèbres sur la rive droite de la Seine, et comme de flambeaux mobiles éclairaient la grande voie. Ce sont les fours à plâtre de Montereau, nous dit le conducteur. Là, on quitte la Seine, pour suivre les bords de l'Yonne. Je ne vous parlerai point de ces riches et immenses plaines, ni de la ville de Sens, dont j'aurais voulu voir la superbe cathédrale et ses rues larges et ses maisons bien bâties. Je ne me réveillai que dans les environs d'Auxerre. Je m'en console, parce que je reverrai au retour les villes que la nuit m'a empêché d'examiner en allant. Du haut d'une colline, on voit dans le fond de la vallée Auxerre, qui, lorsque nous y arrivâmes le matin, semblait encore endormie. Elle est là sur un territoire fertile, entourée de magnifiques vignobles ! La cathédrale, surmontée de tours, est imposante. Le soir nous traversions Avallon, qui envoit à Paris les meilleurs vins de Bourgogne. Quelques heures après, nous étions dans l'immense forêt de Saulieu !! Si le jour son aspect est triste et sauvage, figurez-vous ce qu'il doit être la nuit ?... C'était le moment de dormir ! Mes compagnons de voyage et moi n'y fîmes point défaut. Tout à coup la diligence s'arrête et le postillon de jurer et voriférer !! Qu'allons-nous devenir ? qu'allons-nous faire ? Qu'est-ce donc, s'écrient les voyageurs ! Le conducteur réveillé également par ses cris ! Qu'est-il donc arrivé !! Eh ! mon Dieu, s'écrie solennellement le postillon, la nuit est si obscure qu'à l'embranchement je me suis probablement trompé de route, car voilà quatre heures que nous roulons sans rien trouver, et il n'en faut que deux d'un relais à l'autre. Les chevaux épuisés ne peuvent plus aller. Point de maisons ! Point de relais !! Je ne sais où nous sommes ? Et la pluie tombait. La désolation fut générale, mais le conducteur surtout était dans un état de fureur et ne se disposait à rien moins qu'à étrangler le postillon, jeune homme de dix-huit à vingt ans, d'une gaîté rare qui, au moment de tomber sous sa lourde main, se prit à rire si fort que quelques dames qui déjà pleuraient et les autres voyageurs qui frémissaient, se mirent à rire comme lui de la stupéfaction subite du conducteur. Nous étions aux portes d'Autun. Le conducteur le reconnut bientôt, mais encore endormis et surpris; personne n'avait remarqué la lueur des reverbères qui brillaient à l'entrée de la ville.

Autun est une ville ancienne et commerçante. La porte de la ville est dessinée en arc de triomphe d'une noble architecture. Autun me rappela le martyre horrible de St-Léger, évêque de cette ville. Il est écrit dans les chroniques anciennes que ce prélat fut appelé à la cour par la reine de Neustrie, Sainte-Bathilde, pendant la minorité de son fils, Clotaire III, et la servit utilement de ses sages conseils. A la mort de Clotaire (en 669) il contribua à l'élection de Chilpéric II, au détriment de Thierry III, que soutenait le fameux Ebroïn. Calomnié, auprès du roi, il se retira au couvent de Luxeuil. Thierry l'en fit sortir et le rendit à son diocèse; mais à peine était-il rentré dans Autun, que cette ville fut assiégée par Ebroïn, qui voulait se venger de lui ; le saint évêque, pour éloigner les maux d'un siège, se sacrifia pour son troupeau et se livra à son ennemi, qui lui fit aussitôt crever les yeux, puis trancher la tête dans un fort de l'Artois, qui a gardé son nom.

Le conducteur, inexorable cerbère, ne nous laissa que le temps de prendre un peu de lait, et nous entraîna sans pitié loin de cette ville, dont des forêts bien fournies couronnent les monts environnants. Après avoir traversé d'abord une riche et belle vallée, on suit une route élevée, bordée de précipices de chaque côté. Le jour éteignait insensiblement la lumière de la lune, et peu à peu le paysage se dévoilait. Au fond des précipices murmurent des ruisseaux qui se changent souvent en fougueux torrents et roulent avec fracas les roches démantelées. On traverse rapidement St-Emiland et St-Léger, et on va déjeûner à Châlons-sur-Saône. C'est sans contredit la plus agréable ville qu'on rencontre sur cette route. Les quais sont magnifiques ; les fontaines nombreuses. On y admire les promenades et quelques édifices.

Là nous pouvions laisser la diligence, et nous embarquer sur le bateau à vapeur qui descend la Saône, cette belle rivière ; parsemée comme la Loire et la Garonne d'îles verdoyantes, mais notre inadvertence nous consigna dans notre voiture, qui nous permettait de dîner le soir à Mâcon, si à Mâcon, même à l'hôtel du Sauvage, on avait pu se procurer de suite autre chose que du fromage et d'excellent vin. Inutilement un anglais s'écriait avec sa morgue britannique : *garçonné jé vau du... du...* Il n'y a pas de veau, Monsieur, répond vivement le garçon ! Le dîner ne sera prêt qu'à cinq heures, et la diligence sera partie alors ! Pour la première fois les voyageurs étaient de trop dans un hôtel ! *Cette bien la hotel du Sauvage*, s'écrie l'anglais indigné, *jé vas chercher la Europe ailleur*. Pour nous, nous prîmes gaîment notre parti. Nous nous contentâmes de ce qu'on pût nous donner, et mîmes à profit quelques instans pour admirer un beau pont en pierre, dont les treize arches de longueur font communiquer les deux parties de la ville.

On ne peut passer à Mâcon sans penser à M. de Lamartine, avec Chateaubriand, les plus belles gloires de notre siècle. Aussi quittâmes-nous Mâcon avec un certain regret. La diligence nous emporta rapidement, jusqu'à ce que des maisons adossées à une chaîne de rochers sombres, nous annoncèrent Lyon, dont l'aspect nous présenta d'abord une magnificence sauvage ! La première chose qui m'a frappé, c'est la statue de *l'homme du rocher !* Elle représente un guerrier debout, un casque étincelant sur la tête et tenant une bourse d'une main !! *L'homme du rocher*, est un chevalier fameux surtout par son humanité. Après une vie pleine d'exploits, il mourut de vieillesse dans le creux d'un rocher. Il demanda dans son testament qu'on conservât sa demeure, et laissa six cents francs de rente pour doter, chaque année, la plus pauvre fille de la ville. Ce que je vous raconte sent un peu l'archéologie, car l'anecdote remonte à six cents ans.

Je me propose de visiter Lyon. Il y a beaucoup à voir, beaucoup à dire : à la prochaine lettre.

Adieu.

SECOND VOYAGE
EN
ITALIE,
1840,

PAR H. DORGAN, PROFESSEUR.

Membre de la Société Française pour la description et la conservation des monumens historiques, etc.

SECONDE LIVRAISON.

Marmande,
IMPRIMERIE DE PÉLOUSIN, RUE LABARRIERE.
—
1844.

SE VEND :

A Marmande, chez M. Pélousin, imp.ᵗ;
A Casteljaloux, chez M. Dorgan.

TROISIÈME LETTRE.

—

Lyon.

On ne quitte pas Lyon sans monter à l'église de Notre-Dame-de-Fourvière. Je vous écris en arrivant de ce sanctuaire si célèbre, où l'ame éprouve véritablement de ces émotions douces et puissantes qu'il ne nous est pas donné de définir. On y arrive par un chemin tortueux et rapide qu'on gravit, pendant une demi-heure, au milieu d'une double haie de marchands de chapelets et d'images, et de mendiants qui ne cessent de vous souhaiter un bon voyage et un heureux retour. La chapelle de Fourvière, assise sur la cime d'un rocher qui domine la ville, est le rendez-vous de tous ceux qui souffrent ou aiment à prier ! Elle est entièrement tapissée d'*ex-voto* : ce sont de petits tableaux encadrés qui rappellent le souvenir d'une guérison inattendue, d'une délivrance ou d'une grâce ! Le pape Pie VII, conduit prisonnier à Paris, s'arrêta à son passage pour prier dans cette antique église, où la vierge a vu couler tant de larmes et a recueilli tant de soupirs ! Notre-Dame-de-Fourvière est un point de vue magnifique. On a devant soi la belle plaine du Dauphiné, et la vue se perd au fond d'une immense perspective que termine la chaîne des Alpes. Le Rhône et la Saône se roulent majestueusement à vos pieds, où ils se partagent la ville, et de toutes parts on voit sur ce fleuve des moulins, des foulons, des frises et de grands artifices hydrauliques, dont le mouvement et le bruit annoncent les travaux immenses de la reine des cités de fabrique.

Lyon est une grande et belle ville, mais le luxe n'y a pas fait les mêmes progrès que dans les cités de même ordre. Cette ville est essentiellement commerçante, et ses habitans sont laborieux, bons calculateurs, sages et prudents dans leurs spéculations, exacts surtout dans leurs engagemens. On ne s'y occupe guère que du positif. La religion y domine les esprits et y captive les cœurs. Les temples, les jours de fête, sont remplis, et les théâtres presque toujours déserts ! Les plaisirs sont calmes et très-modérés ; le travail immense et rarement interrompu.

Lyon, *Lugdunum* qui signifie, selon les uns, colline longue ou colline élevée, selon d'autres (en langue celtique) *montagne du corbeau*, est probablement d'origine grecque : mais grecque ou gauloise, elle n'en est pas moins très-ancienne. Pour ce qui est de son histoire, je vous renvois aux écrivains qui avaient plus qu'une lettre à lui consacrer. Pour écrire ses guerres de religion, le siège qu'elle soutint en 1793, son insurrection en 1834, dont les suites ont laissé des traces presque ineffaçables, il faudrait plusieurs volumes.

J'ai visité tous les principaux ateliers pour le travail de la soie. J'ai vu travailler des étoffes mêlées de soie et de coton, de soie et de laine, des châles admirables, des tulles, des crêpes, des rubans, des étoffes d'or et d'argent, des galons, des broderies ! et tous ces objets de luxe, même les velours cramoisis, sortent des mains d'ouvriers qui ne savent pas ce qu'ils font et qui ne sont, en quelque sorte, que les moteurs des ingénieux métiers à la Jacquard. Je ne reviens pas encore de mon admiration et de mon étonnement ! C'est sur des métiers de tisserand que se forment ces superbes dessins qui brillent sur les étoffes de soie; et des cartons piqués qui remontent au moyen de crochets qu'agitent les traverses que touchent les pieds de l'ouvrier font ressortir les tresses qu'on entrelace avec art de fils d'or ou d'argent; et en dessous, à l'insu de l'ouvrier qu'ils semblent dédaigner comme une vile machine, se forment des dessins à fleurs et à palmes, qui se diversifient selon la fécondité de l'imagination du compositeur des cartons. Les ouvriers qui travaillent à ces métiers admirables, sont pour la plupart hideux et contrefaits, et leur état est si dédaigné parmi les lyonnais mêmes, qu'ils donnent à ces hommes le nom injurieux de *canuts*, des bobines dont ils se servent pour former les tissus. Vous n'imaginerez rien qui ne se fabrique admirablement à Lyon.

Parmi les édifices religieux, on remarque l'église St-Jean, admirable par son antiquité ; la façade ressemble à celle de Notre-Dame à Paris. On y conserve de très-beaux tableaux.

J'ai vu l'hôpital, l'un des plus riches de France.

On y compte souvent jusqu'à dix-huit cents malades. Les filles de St-Vincent sont là ce quelles sont partout, des anges consolateurs qui veillent dans des lieux de douleurs. A la voute du dôme élevé de la chapelle est suspendu un crocodile ! Cet animal fut pris dans le Rhône devant Lyon. On ne s'explique pas encore comment il y était entré.

Après l'hôtel-de-ville d'Amsterdam, le premier édifice de l'Europe, en ce genre, est sans contredit celui de Lyon. Ce monument se distingue par la magnificence de son escalier, de sa grande sale et de sa vaste cour, et l'élégance de sa façade, du milieu de laquelle s'élance avec hardiesse la tour de l'horloge.

L'église de St-Nizier est un des plus beaux édifices gothiques de France. Son portail est admirable. J'ai visité avec une profonde émotion la chapelle expiatoire, monument religieux élevé aux Brotteaux à la mémoire des lyonnais qui ont péri pendant le siège de 1793 et pendant les jours de terreur qui l'ont suivi.

En vous parlant de la colline de Fourvière, j'avais oublié de vous dire que l'église Notre-Dame remplace l'ancien *forum Trojani*, et que l'hôpital des fous est bâti sur les ruines du palais des empereurs romains.

Lyon a trois rangées de quais, dont deux sur les bords de la Saône et un sur le Rhône. Ces quais prennent vingt-neuf noms différens, et sont entrecoupés de dix-sept beaux ports. Partout on y est frappé du coup-d'œil imposant des édifices.

Les forts détachés et combinés entre eux dominent la ville sur les côteaux et sur la rive gauche du Rhône. Ils existent depuis la révolution de juillet 1830.

Je ne vous parle point des rues ni des promenades. J'aurais trop de mal à vous en dire, car rien de plus mal pavé, rien de plus sale et de plus dégoûtant.

Si je vous parlais de tout ce que j'ai vu, je ne finirais pas cette lettre d'un an. Il faut laisser quelque chose pour lorsque nous nous reverrons !

Nous espérions pouvoir descendre le Rhône sur les bateaux à vapeur, mais les eaux sont si basses, quoique nous soyons en hiver, qu'ils ne naviguent plus depuis quelques jours. Nous sommes donc condamnés à être emballés dans une diligence en tôle, étroite et fragile ! Que Dieu nous garde. Nos places sont arrêtées; je déjeûne, j'arrange ma male, et dans deux heures nous serons sur la route du Dauphiné. Qu'il me tarde de pouvoir vous parler de l'Italie.

Adieu.

QUATRIÈME LETTRE.

Celle-ci que je vous écris de l'intérieur de la diligence, où j'étouffe quoiqu'en hiver, vous parviendra de je ne sais quel endroit !!

Il est six heures. Nous quittons Lyon. Je jouis encore du magnifique aspect de cette ville. Je salue la Madone de Fourvière et lui adresse une douce prière que j'appris à bégayer sur les genoux de ma mère. Lyon ne paraît plus. Nous voyons encore le Rhône amaigri qui roule doucement ses eaux. Mon vis-à-vis soutient qu'on doit lui savoir gré de ce qu'il occupe *au moins une place trois quarts.* Je prétend que nous sommes heureux de l'avoir rencontré l'hiver, car, en été, quelques-uns de nous tomberaient certainement asphyxiés, ce voyageur étant un incommensurable calorifère qui chauffe au moins à vingt-cinq degrés. Ses belles manières et son érudition me font oublier qu'il est pour nous presque un fléau ! Il est bientôt midi. Nous arrivons à Vienne. C'est un arrondissement de l'Isère, au confluent de la Gère et du Rhône. Cette ville était la capitale des Allobroges. Tibère la fit colonie romaine : Claude lui donna un sénat. Elle se soumit à la France en 1448. C'est à Vienne que se tint, en 1311, sous Clément V, le seizième concile œcuménique qui supprima l'ordre des Templiers. Nous sommes dans un hôtel qui domine le Rhône. On y sert très-bien. Je profite d'une demi-heure pour voir les curiosités de la ville. Nous courons donc dans les rues comme des fous. Les habitans rient. Je suis coiffé d'un bonnet de coton plus utile qu'élégant. Il garantit mes oreilles contre le souffle glacial du vent qui se lève. L'église de St-Maurice est belle. Les tombeaux qu'on y conserve sont remarquables. Si nous n'avions pas galoppé dans les rues sans respect humain, nous n'aurions pas vu un arc de triomphe et les ruines d'un théâtre, d'un amphithéâtre, d'une naumachie et d'un aqueduc romain. Une jeune anglaise se plaint de souffrir le froid dans le coupé. Je lui administre aussitôt notre puissant calorifère qui ne se fait pas prier. On part. Une discussion politique et enfin religieuse s'engage entre le nouveau venu et mes compagnons de voyage. Pour demander mon avis, on me nomme *Maestro*. C'est mon nom de voyage. On passe en revue tous les prédestinés du parlement français, puis tous les saints du paradis. M. Thiers trouve un habile et généreux défenseur, dans un conservateur enragé. C'est un ami d'enfance du ministre, par sa grâce, sans doute, ex-sous-préfet d'Arles, M. P..., aujourd'hui à la tête de la chambre de commerce de Marseille. C'est un homme d'un beau caractère ! Le jeune chimiste qui l'accompagne de Paris, ne contribue pas peu à l'intérêt de la conversation. En attendant, le chemin fuit derrière nous, malgré tous les sarcasmes qu'on lance sans discontinuer contre mon très-utile bonnet de coton. Je persiste à garder ce genre de coiffure quoique proscrit dans le Dauphiné et la Provence. Il est plus de quatre heures. Il fait presque nuit. La diligence s'arrête un moment à Thin, au pied du célèbre côteau de l'ermitage qui domine le Rhône sur ses bords et où se récolte le fameux vin connu en France sous ce nom. M. P. qui voit des dames dans le salon de l'hôtel et qui ne me connaît pas, parie six bouteilles du meilleur vin de ce pays que je n'oserai pas me présenter avec mon bonnet. Il a le plaisir de payer trente francs, car la bouteille de vin, le plus renommé, ne coûte pas moins de cinq francs pour les voyageurs. En face de Thin, on voit sur l'autre rive du Rhône Tournon qu'un beau pont en chaines de fer unit à cette ville. C'est encore de ce pays que sortent les fameux vins de Côte-Rôtie. Dans la plaine qui s'étend entre Thin et l'Isère, Fabius battit les Allobroges et les Arvennes. Louis de Bavière y défit aussi les Normands, en 1242. La diligence nous entraine. Les reverbères qui éclairent Tournon font remarquer une immense tâche noire que forment les ombres. C'est le vieux château des ducs de Soubise. Je regrette de ne pas voir le célèbre collége royal de cette ville, dirigé d'abord par les Jésuites, puis par les Oratoriens. Nous arrivons à Valence, *julia valentia*. Il est nuit. Le clair de la lune nous laisse distinguer la citadelle. Les portes de la cathédrale ne sont pas encore fermées. Vite nous y courons ! Cette église nous parait très-belle. Recueillis et profondément émus, nous nous arrêtons un instant devant le mausolée de Pie VI, qu'on y conserve religieusement. Valence, située sur la rive gauche du Rhône, devint de bonne heure colonie romaine. Il s'y est tenu trois conciles nationaux. C'est à Valence que le célèbre Cujas enseigna. Là, siégea encore la *chambre ardente* qui condamna Mandrin en 1775. Valence est la patrie de Joubert et de Championnet ! Nous partons. La nuit m'empêche de voir et de vous décrire les villes que nous traversons sur les rives du Rhône.

21 février, huit heures du matin. Nous sommes sous le magnifique arc de triomphe d'Orange, élevé en l'honneur de la victoire d'*Aquæ Sextiæ* (Aix), sur les Teutons et les Ambrons, en 103 avant Jésus-Christ. Ici on nous permet de déjeûner. Nous venons de voir à la hâte les restes d'un cirque ou théâtre. Cette ville, colonisée par César, prise ensuite par les Wisigoths, les Bourguignons, p 's par les Francs, finit par avoir des princes particuliers ; le dernier étant mort, en 1702, Louis XIV s'empara de la ville, qui depuis est restée unie à la France. Orange eut beaucoup à souffrir pendant les guerres de religion. Il s'y tint un grand nombre de conciles : le plus connu est celui de 529. Nous sommes dans le département de Vaucluse, et à quelques lieues seulement de cette fontaine si célèbre où Pétrarque, exilé, chantait de si beaux vers ! On croit entendre encore les sons mélancolieux et harmonieux de sa lyre. Pétrarque, né à Arezzo (Toscane), en 1304, suivit son père, banni de Florence à Avignon, alors résidence des papes. Là, il vit la célèbre Laure de Novex. Son affection pour elle, quoique sans espoir, dura autant que sa vie, et lui inspira les vers qui, l'ayant immortalisé, le firent appeler à Rome pour y recevoir la couronne lauréale décernée au premier poète de l'époque. Malgré les honneurs et les bénéfices dont le comblèrent le pape Benoit XII et le roi de Naples, Robert, et les importantes missions et emplois politiques dont il fut chargé par les souverains de l'Europe, il ne cessa de chanter Laure, dont la

mort, qui l'avait enlevée à la suite de la peste de 1348, lui inspira de nouveaux chefs-d'œuvre. Il mourut à Arquà, près de Padoue, en 1374. On trouve dans ses écrits une grâce, une délicatesse de sentiments inimitables. Nous apercevons déjà la cathédrale de l'antique ville des Cavares, aujourd'hui Avignon. Je vous quitte donc ici, d'où ma lettre vous arrivera.

Adieu.

CINQUIÈME LETTRE.

A Avignon, nous sommes descendus à l'hôtel où fut misérablement égorgé le maréchal Brune, dont le cadavre fut jeté dans le Rhône. J'ai frémi d'horreur en visitant la chambre, où se commit ce crime. C'était le matin du 22 août 1815. Le maréchal Brune traversait la ville d'Avignon pour se rendre de Marseille à Paris. La populace s'ameute contre le maréchal et sa suite, détèle les chevaux, rend le départ impossible, et se livre aux plus dégoûtants outrages. Les autorités de la ville, suivies de troupes, tâchent de réprimer tant de fureur. Leur voix est méconnue. Le maréchal s'était renfermé dans l'hôtel du Palais-Royal, que défendait la troupe. Le peuple menace de mettre le feu à l'hôtel, et crie que la dernière heure du maréchal est arrivée. Malgré tous les efforts de la troupe, le peuple parvient, par les toits des maisons voisines, sur celui de l'hôtel : de là, on s'introduit dans le grenier, d'où des gens armés descendent dans la chambre du maréchal. Le premier coup de feu ne l'atteignit pas; mais l'instant après, il fut renversé mort d'un second coup, et tomba la face contre terre. Un homme paraît à la croisée de l'appartement occupé par le maréchal, et annonce sa mort à la populace, qui y répond par des cris de joie. En vain, pour éviter de plus grands désordres, la troupe tâche de faire disparaître le cadavre. Ce peuple, furieux, l'enlève, le précipite dans le Rhône et tire sur lui une cinquantaine de coups de fusil. Cette ville qui, en 1329, sous le pape Clément V, devint le siège de la papauté, ou la propriété des papes, jusqu'en 1791, a acquis dans ces derniers temps une triste célébrité par les crimes et les excès dont elle a été le théâtre pendant nos révolutions. Fondée par les Phocéens de Marseille, vers 539, avant Jésus-Christ, elle fut la capitale des Cavares. Sous les Romains, elle fit partie de la Gaule Narbonnaise, puis de la seconde Viennaise. Gondebaud, roi des Bourguignons, s'en empara au cinquième siècle. Après avoir été la proie des Goths, des Francs, des Sarrasins, de plusieurs princes et comtes, elle s'irigea en une espèce de république. En 1791, elle fut réunie pour toujours à la France. Les monuments les plus remarquables d'Avignon sont la cathédrale, où les offices se célèbrent avec pompe et majesté. L'ancien palais des papes, espèce de tour, ou de forteresse : la succursale des Invalides et l'hôtel de Crillon. J'ai vu le tombeau de Laure. En le visitant je tenais dans mes mains les œuvres de Pétrarque. !! On ne peut se défendre d'une profonde émotion. L'aspect d'Avignon est sombre et mélancolique. Nous n'avons séjourné que quelques heures dans cette ville, assez cependant pour comprendre que le caractère des Avignonais n'est pas aussi féroce que le ferait croire l'assassinat du maréchal Brune. Ce n'est que sur trois ou quatre familles que doit retomber le sang de ce soldat victime d'une fausse accusation, et sur la négligence des autorités d'alors.

On part d'Avignon sur le soir. Le matin, à l'aube du jour, on arrive sur les montagnes qui dominent Marseille et la mer. Le ciel était pur. De temps en temps, on apercevait, par intervalles et comme à travers une dentelure de rochers escarpés et noircis par les tempêtes, les reflets du soleil levant qui se berçait sur les flots doucement agités de la Méditerranée. Quelques barques de pêcheurs, la voile livrée à la brise, s'inclinaient continuellement sur la vague, comme pour rendre hommage à l'astre du jour. Nous approchions de Marseille. Les petites villas devenaient plus nombreuses. J'avais déjà vu, lors de mon premier voyage, les magnifiques jardins suspendus çà et là sur de rapides côteaux et respirant tous un goût oriental. Tandis que nous admirions ces cites enchanteurs, Marseille, cette ville grecque et opulente, la Tyr de la Méditerranée, nous apparût tout-à-coup, au milieu d'épais brouillards, comme ensevelie dans un marais. Je suis enfin, pour la troisième fois, dans cette ville lointaine, l'une des plus belles, des plus riches et des plus agréables du monde. Nous y resterons peut-être huit jours, avant de nous embarquer pour l'Italie. Je vous écrirai avant mon départ.

Un anglais qui voyage avec nous depuis Avignon, se décide heureusement à déjeûner avec nous, et cela parce que je lui ai, dit-il, rendu un service éminent. C'est un excentrique de première force ! Il est toujours affligé de n'avoir plus d'appétit après un bon repas. Partant de ce principe, il s'était tellement gorgé à Avignon, qu'il a eu cette nuit une indigestion. *Oh ! oh ! moè mo..rir, moè !* Nous traversions la Durance. Je raconte indirectement que pour guérir vite d'une indigestion, il ne fallait qu'un verre d'eau bien salée. Sur sa demande empressée, le passeur, dans l'espoir d'une riche aubaine, se hâte de contenter l'anglais. Je préside à la composition de l'infaillible remède, qui consiste en un vaste verre d'eau, une poignée de sel, un peu de poivre, et de l'eau-de-vie. Le malade trouve la potion excellente et la paie grassement ! Pour moi, son médecin, qui pouffes de rire, j'ai un cordial *remercier vo, moé bocou très forté !!* Inutile de vous dire que la médecine produit son effet ! *Condoteur, condoteur, arrête, arrête !! vite ! vite !* Tel a été, pendant plus de quatre heures, le refrain de toutes les quinze minutes. Conducteur, postillons, voyageurs, tout le monde tempestait contre moi, et l'anglais, au contraire, me serrait les mains, m'appelait son sauveur, *oh ! moé*, me disait-il, *avoire ensouite bocou tré fort bésoin dé mangé !!*.. Je lui parle beaucoup des bons repas de Marseille ! L'avant goût d'un bon dîner lui fait oublier ses souffrances qui sont atroces. Il était purgé en règle. Je lui persuade sans peine que la diligence est obligée de le conduire jusqu'à l'hôtel, puisque le cas de maladie est prévu. L'idée lui paraît heureuse, et devient en lui si fixe, qu'il n'en démord pas. La diligence s'arrête devant le bureau. Tout le monde descend, excepté l'anglais. Le conducteur fait l'appel. *Moè être ici toujours*, dit l'anglais, *et pas descendre que à la hotel Bou, bou oo*. En vain le conducteur lui parle raison ! *Moè rien comprendre; pas descendre et pas payé !* La foule s'attroupe et les éclats de rire répondent aux exigences britanniques ! Cette comédie a duré une heure et il n'a pas été possible de faire descendre l'anglais. C'était désormais un point d'amourpropre : aussi déclare-t-il qu'il se fera plutôt nourrir dans la diligence et se laissera emporter plus loin, plutôt que de descendre ailleurs que devant l'hôtel. La police s'en mêle, et comme l'attroupement augmente, on invite enfin l'administrateur des diligences de faire conduire ce voyageur excentrique, qui se dit malade, devant l'hôtel, qui n'est pas éloigné, d'autant plus que deux chevaux sont encore attelés pour conduire, après le déchargement, la voiture dans la remise. L'anglais est donc arrivé en diligence devant l'hôtel. Là, recommence une autre scène de comédie ! *Postillonné, apportel vo ici. Vo...avoir... faité attendre moè ouné heure. Ici moè voloir vo attendre ouné autré heure !!* Il fallait voir la fureur du postillon ! Il jure, il tempeste, il maudit l'Angleterre jusqu'à la dernière génération ! Et l'anglais impassible le regarde avec un flegme désespérant, bien résolu de rester encore une heure dans la voiture. Il était temps qu'on en finît. Je me suis douté qu'un mot l'ébranlerait. On nous attend pour déjeûner, suis-je allé lui dire, et si nous retardons un instant, tout sera froid et ne vaudra rien !! *Ah ! woui, woui. Postillonné, tenez, moè faire grâce à vo et donner ça.... Oh ! allons déjoner !!* Le postillon, quoique bien gratifié de dix francs, ne l'a pas moins maudit de nouveau. Que Dieu vous garde mieux que les Anglais.

Adieu.

SECOND VOYAGE

EN

ITALIE,

1840,

PAR H. DORGAN, PROFESSEUR,

Membre de la Société Française pour la description et la conservation des monumens historiques, etc.

TROISIÈME LIVRAISON.

Marmande,

IMPRIMERIE DE PÉLOUSIN, RUE LABARRIÈRE.

—

1844.

SE VEND :

A Marmande, chez M. Pélousin, imp.ʳ;
A Casteljaloux, chez M. Dorgan.

Cet ouvrage, qui formera un vol. in-8°, se publie en 12 livraisons, ou 14 au plus; 25 c. chaque livraison. (*Écrire franco.*)

SIXIÈME LETTRE.

Ce qui distingue le plus Marseille, c'est, à mon avis, l'attachement qu'elle montre pour ses mœurs, ses usages et ses institutions. Grecque d'origine, plus tard romaine par le sort des armes, et française enfin, Marseille, après plus de deux mille ans de transformations successives, conserve son type, son langage, ses manières. Examinez le Marseillais : on le trouve au milieu des Liguriens, des Romains, des Goths et des Français modernes comme si ses mœurs étaient coulées en bronze. Marseille partagea le commerce de la Méditerranée avec l'opulente Carthage, dont il ne reste que quelques ruines. Ses flottes allaient jusques dans l'Océan, et quelques-unes dans la Baltique. Elle ouvrit aux Romains le chemin de la Gaule.

Aujourd'hui deux parties distinctes partagent cette ville, la ville vieille et la ville neuve. La première, située sur les hauteurs, au nord, n'est remarquable que par sa malpropreté et ses laids bâtiments. L'autre, au contraire, est élégamment bâtie et s'étend jusqu'au bord de la mer. Le port est admirable. Figurez-vous une immense place carrée, encadrée de trottoirs. Le milieu est la mer couverte de plus de douze cents navires de toutes les nations, qu'on peut toucher de la main, en promenant sur les vastes trottoirs où se trouvent les plus beaux et les plus riches magasins. Quel spectacle pour un étranger qui n'a pas encore vu de port de mer !!

Nous sommes allés voir plusieurs restes d'antiquités romaines, tels que les caves de St-Sauveur, le mur et les colonnes de la *Major*, les colonnes de St-Victor, des sarcophages, des villas magnifiques. La renaissance nous a laissé admirer la porte de la Joliette, et le monument de St-Lazare, qui, selon la tradition provençale, serait le même que celui qui fut ressuscité par Jésus-Christ, et aurait été le premier évêque de Marseille. La grotte de St-Victor est le plus ancien lieu de cette ville consacré par la religion chrétienne. C'est là que les fidèles de la primitive église se réunissaient pour célébrer les saints mystères et y honorer les cendres des martyrs. Le prêtre Cassien y éleva vers le quatrième siècle un monastère qui a subi plusieurs révolutions. On visite avec plaisir l'église des Chartreux et la chapelle de la Charité. Le caractère des Marseillais est essentiellement religieux : aussi voit-on de tout côté s'élever, comme sur une terre sainte, de nombreuses églises et beaucoup plus de couvents et de presbytères ! Les fléaux terribles, la peste et de nos jours le choléra qui ont pesé quinze fois, dans l'espace de quatre siècles, sur un peuple naturellement superstitieux, n'ont pas peu contribué à imprimer dans les habitans de Marseille ce caractère religieux. Malgré tout, le Marseillais mêle encore un peu de paganisme aux cérémonies chrétiennes. Ainsi, pour la Fête-Dieu, un bœuf aux cornes dorées, couvert de fleurs et d'ornements, qu'accompagne un brillant cortège, y rappelle le sacrifice du Taureau, que, dans le pays, on avait coutume d'offrir à Diane.

Rien n'a plus de charmes pour les Marseillais que les fêtes de famille. Celles de Noël et du jour de l'an ont quelque chose de patriarcal qui paraît toujours nouveau pour l'étranger. Ce jour-là, tous les membres de la famille se réunissent dans la maison de celui que le sort a désigné. Sa pauvreté ne le dispense pas de recevoir, car tous les parents, dans ce cas, contribuent aux frais du festin qui dure deux jours. Le plus ancien préside et juge en dernier ressort, s'il existe quelque différend entre les membres. On s'embrasse et on se bénit avant d'aller à la messe de minuit. Je ne me lasse pas d'admirer une si belle pensée !! Que ne célèbre-t-on ainsi partout les fêtes de Noël !! Il y aurait plus de fraternité parmi les peuples. Le 26 novembre 1835, je revenais d'Italie, malgré le rigoureux hiver. Je fuyais le choléra que je rencontrai, contre toute attente et sans pouvoir l'éviter, à Livourne, à Gênes, sur toute la côte et à Marseille. A deux lieues de Nîmes, comme nous traversions un village, une roue de la diligence se brisa !! Il était six heures. En un instant tout le bourg fut informé de cet accident. On donnait dans chaque famille le repas d'adieux. On ne se contenta pas de nous inviter, mais on nous entraîna dans les maisons, où l'on nous installa rois de la fête ! Je n'oublierai jamais ce repas cordial et emblématique, ni la famille qui me força de recevoir l'hospitalité !! Les mœurs de la Provence ont un bien beau côté !!

Nous avons visité la maison du Pujet, le théâtre, le musée, la consigne, l'obélisque de la place Castellane et les fontaines. Le Lazaret, sans contredit le plus beau du monde, nous a étonné. Sa superficie égale 232,762 mètres, tandis que le bassin du port, encadré de riches quais, n'en a que 45,000 de surface.

Il est minuit. Je me couche. Demain promenade sur mer. Prenez sur ma lettre ce que je lui donne pour vous.

Adieu.

SEPTIÈME LETTRE.

1er Mars 1840.

Hier le temps était magnifique. Nous en avons profité pour visiter la petite île d'If, située à quelques milles en mer, vis-à-vis du port de Marseille. Le vieux Bernard, rude marin, qui a brûlé plus d'une mèche contre les Anglais, qui l'ont à leur tour cruellement torturé dans les pontons, était notre pilote. A une lieue, au large, nous rencontrâmes d'autres barques légères, ornées comme au plus beau jour de fête. C'étaient des jeunes gens de familles riches de Marseille, qui luttaient sur les flots. Ces barques, admirablement bien dirigées, glissaient sur l'onde avec la vitesse de l'oiseau et cherchaient à se dépasser. Pour nous, nous avons cinglé droit vers la côte de l'île, où nous voulions voir le Château-Fort bâti sur ce rocher désert par François Ier, en 1529. Nous n'y avons trouvé que quelques pans de murailles crénelées, habitées par les oiseaux marins, mais qui, malgré les ravages du temps, conservent cependant quelque chose de grandiose. Sur les récifs de l'île, d'où nous contemplions la mer, nous rencontrâmes un marin affublé de son sac, de son bonnet pointu et de ses interminables bottes, hélant d'autres marins qui s'avancèrent aussitôt à force de rames. C'était la pêche aux sardines, et on allait incontinent lever les filets. Quelle bonne fortune !! Grâce à l'amitié qu'ont pour notre vieux patron les marins, il nous fut permis d'assister au grand coup de filet. Notre embarcation prit le large, suivit la chaloupe des pêcheurs, et une demi-heure après, arrivés au rivage de l'île, nous y voyions tomber une quantité prodigieuse de grosses sardines et beaucoup d'autres poissons. Le pêcheur-maître nous jeta deux pélées de sardines dans notre barque. Nous eûmes beaucoup de peine pour faire accepter à ses matelots un *pourboire*, et comblés de remerciments, nous revînmes déjeûner à l'hôtel, avec notre poisson frais. Nous en laissâmes à notre pilote de quoi en vendre et s'en nourrir huit jours. Le pêcheur, qui a une barque et un filet, est réputé un homme riche. On ne peut guère donner par jour que deux ou trois cours de filet, et encore faut-il que le temps soit favorable. Mais un retour de filet, comme celui que nous vimes, vaut de deux à trois cents francs, à partager à parties égales entre la barque, le filet et les matelots de l'équipage. Je voulais donner la liberté à une petite sardine. On m'assura, et je pus m'en convaincre, que ce poisson mourait pour si peu que sa tête sortît de l'eau.

C'est aujourd'hui dimanche. Nous venons d'entendre la messe à la chapelle de Notre-Dame-de-la-Garde. Marseille a aussi un sanctuaire consacré à la Vierge Marie, l'étoile des mers, la bonne mère des matelots. Sur le point de nous embarquer, car nous partons ce soir, à cinq heures, nous ne pouvions pas quitter la terre de France et aller affronter les périls de la mer, sans implorer la protection de celle qu'on n'invoque jamais en vain ! Le catholicisme n'a que des pensées sublimes !! C'est sous le doux nom de mère qu'il nous fait invoquer la reine des cieux.

Un rocher, beaucoup plus élevé que celui de Fourvière, à Lyon, aride et presque inaccessible, domine la ville de Marseille et la mer qui se brise à ses pieds. Sur ce rocher flotte le drapeau français qui désigne la vigie. Les murailles brunies par le temps qu'on voit assises comme un nid d'oiseaux sur la cime, étaient autrefois un couvent, et l'église qui domine encore; c'est le sanctuaire de Notre-Dame-de-la-Garde. Les murailles sont couvertes d'*ex voto*. Chaque tableau, et j'en ai compté plus de douze cents, rappelle quelque naufrage !! Au milieu de tous ces souvenirs de détresse et d'infortune, l'ame s'ouvre à l'espérance et éprouve une profonde consolation, lorsque là, où tant d'autres sont venus remercier la vierge de sa protection, on murmure doucement : *bonne mère des matelots, protégez-nous contre la fureur des orages !!*

Sur la porte de la chapelle, était assis un vieillard, qu'on reconnaissait sans peine pour un marin. Il n'y avait pas de larmes dans ses yeux, ni de plaintes sur ses lèvres; mais on n'avait pas besoin de toutes ces démonstrations pour voir qu'il souffrait profondément. Sans doute, lui dit un de nous, que le malheur vous a frappé !! Le remords et la douleur seulement, répondit-il d'une voix triste et brisée !! Nous sommes restés muets devant cet homme malheureux ! Je devais venger ma fille, s'est-il écrié avec délire ! La religion je la respecte : le roi, je suis son sujet, mais ni l'une ni l'autre ne me rendront ma fille que j'ai perdue ! Pauvre amie, l'unique consolation de mes vieux jours, il me semble la voir encore à ses derniers moments, et j'en frémis ! C'était aux environs de Marseille, lors de l'invasion des troupes étrangères. Ma fille m'avait suivi à l'armée qui, trahie, s'épuisa en vain pour les repousser. La nuit étant venue, le bruit de la fusillade diminua peu à peu. Nous étions en fuite. Ma fille n'était plus avec moi. Jugez de ma désolation ! Qui sait toutes les pensées sinistres qui se croisèrent alors dans mon esprit ! Elle avait une connaissance entière du pays. Elle était jeune et courageuse, elle avait donc pu se sauver. Cette dernière pensée me donna du courage et je me mis de nouveau en marche. Bientôt mes pieds se heurtèrent à quelque obstacle immense, et je tombai lourdement la face contre terre. Je me relève aussitôt et agité par une nécessité inquiète, je veux connaître la cause de ma chûte... Jugez de ma douleur... je vis un cadavre, et dans ce cadavre je reconnus ma fille !!... Ici les larmes étouffaient le vieillard. Il continua : étendue dans la boue, couverte de sang, la pauvre enfant était horrible à voir !... Elle existait encore ! A ma vue, un pâle sourire, celui qu'elle avait appris de sa mère, effleura ses lèvres livides !! Elle me demandait quelque chose des yeux : « Que veux-tu mon ange ? lui demandai-je, en me penchant sur elle, parle ! oh ! parle vite, car ton père t'écoute, et la vierge t'attend. » Alors la pauvre enfant fit de grands efforts pour parler; mais sa bouche resta muette, et de grosses larmes tombaient des yeux. Ce silence commençait à me faire peur. Dans ses efforts impuissants, sa bouche était restée entr'ouverte... Je m'approchai d'elle... Je frémis encore !... Les barbares, les monstres lui avaient arraché la langue, et tout ce qu'elle avait souffert restait comme un glaive dans son cœur ! Je restai là immobile, comme frappé de la foudre, sans courage, sans force et sans raison. J'étais atterré. Mourir en soldat d'une balle au cœur, ce n'est rien..., mais se sentir arracher les entrailles et garder la raison, c'est affreux. Malgré tant de douleur il fallait fuir. Doué de cette force que donne toujours un pressant danger, je pris ma fille sur les épaules et la portai, à la faveur de la nuit, dans ma pauvre demeure. Quelques amis, un généreux médecin accoururent, mais bientôt je vis ses yeux se couvrir d'un voile épais. Elle allait mourir et moi je l'arrosais de mes larmes. Vierge Marie, elle devait bien souffrir, en cet instant, car elle me montrait sans cesse mes armes!! Je la compris!! « Puisqu'il n'y a plus d'espérance pour moi, meurs en paix, lui dis-je alors pour la calmer un peu, meurs en bonne chrétienne surtout, pour qu'il y ait au ciel une place pour toi dans le sein de Dieu. Un saint prêtre vint la bénir, lui administra les sacremens. Encore un peu de courage, ma fille, lui dit le ministre du Seigneur, bientôt tu ne souffriras plus! Pour moi, Marie, lui dis-je à mon tour avec un accent solennel, je me charge du reste. Tu seras vengée!! Partout où je trouverai un anglais, je l'immolerai! Je le tuerai, fut-il assis à mon foyer, fut-il en prière aux pieds du Christ, fut-il agenouillé sur la tombe de sa mère!! Je l'embrassai, et sa belle ame s'en alla! Je n'ai pas encore accompli mon serment et la religion m'arrête!! Je viens soulager ma douleur, ici dans ce sanctuaire, où elle priait sans cesse lorsque, par besoin ou par devoir, je naviguais sur les mers.

Ce récit a produit sur nous une vive impression, et nous sommes revenus fort tristes de notre pélérinage. Avouons que la guerre est une nécessité malheureuse. Négliger pourtant de la faire lorsque l'intérêt général et l'honneur l'exigent, c'est démoraliser un peuple et compromettre son existence nationale!

Je vais à mes préparatifs de voyage. Je me réveillerai demain dans les eaux d'Italie.

Adieu.

HUITIÈME LETTRE.

*A bord de la frégate à vapeur l'*Eurotas,
2 *mars* 1840.

Hier, à cinq heures du soir, on leva l'ancre, aux chants cadancés des matelots. Un coup de canon donna le signal du départ, et l'*Eurotas*, de conserve avec l'*Euphrate*, autre frégate à vapeur, firent moutonner la vague sous les roues et gagnèrent le large, en saluant de quelques coups de canon, le drapeau national qui flottait sur le fort Notre-Dame-de-la-Garde. L'équipage et les passagers poussent des houras que répètent, sur la rive, en agitant leurs mouchoirs, quelques milliers d'élégants et joyeux promeneurs qui assistaient à notre départ. Ce sont des moments de profonde émotion ! Adieu France, belle patrie, m'écriai-je alors, presque avec larmes. Le départ pour la terre étrangère est un moment solennel. On souffre ! L'ame, malgré tout ce qui peut la charmer en voyage, éprouve un chagrin amer, et si on ne comptait sur un prompt retour, la douleur serait trop forte pour un cœur généreux.

A six heures environ, les capitaines de l'*Eurotas* et de l'*Euphrate* se hélèrent, et parlementèrent un instant. C'était le courrier de Malte, brick à vapeur anglais, de moyenne grandeur, armé d'une machine de la force de nos frégates, qui avait affecté de partir après, pour nous dépasser ensuite. Sans chargement aucun, il marchait donc à toute vapeur, et pour mieux nous narguer, prenait sa ligne de route entre nos deux frégates. Assis sur l'arrière, ou debout sur le pont, tous les passagers manifestaient leur indignation. Nos marins, au contraire, les officiers surtout, étaient calmes et dédaigneux. Quatre coups de sifflet se font entendre à bord de chaque bâtiment français, et le brick anglais courait sur nos eaux avec une vitesse étonnante. A notre insu, une manœuvre secrète s'exécutait à bord de nos frégates. Déjà le vapeur anglais présente sa proue couronnée d'un laurier, entre nos deux frégates. Alors, plus que jamais, il concentre sa vapeur, mais en vain, car les deux frégates françaises se rapprochent insensiblement, et malgré les cris et les manœuvres des officiers anglais, pressent entre elles et par un choc rapide le brick anglais, dont les tambours volent en éclats. Les officiers français, avec un calme imperturbable, exprimèrent leurs regrets au capitaine anglais, mais le convainquent de son tort. L'*Eurotas* reçut les dépêches pour Malte à son bord, et le brick anglais retourna, comme il put, réparer ses avaries à Marseille.

A sept heures, on servit à bord un magnifique

dîner; mais la mer était extrêmement grosse, et il fut presque impossible de manger. Je gagnai ma couche, où j'ai dormi, sans me réveiller, malgré le rouli et le tangage, jusqu'à ce matin. On m'a laissé monter sur le pont sans rien me dire. Vous exprimer quel a été mon étonnement, c'est chose impossible. C'est à perdre la tête!! Nous sommes à l'ancre, à une lieue de Marseille, derrière les rochers aériens de Notre-Dame-de-la-Garde!! Je ne vous dirai pas ce qui s'est passé cette nuit, mais on m'assure que la mer était affreuse. Il le faut bien, car notre capitaine est un intrépide marin, craignant peu le danger, et il est chargé d'ailleurs de dépêches pressantes pour la Grèce et l'Egypte. Cependant pas un nuage au ciel. Aussi le commandant du port de Marseille, furieux et ne pouvant pas croire que la mer soit mauvaise, ordonne, malgré tout, le départ pour deux heures, ce soir. Plusieurs passagers renoncent à leur voyage par mer. Un pressentiment nous ferait également débarquer, mais l'amour-propre nous retient, et ce soir, nous allons de nouveau lutter contre une mer furieusement agitée. Nous sommes à l'équinoxe du printemps, saison où les vents d'est règnent sur la Méditerranée et la rendent impraticable. Quoiqu'il en soit, nous partons, bien convaincus que la traversée sera très-mauvaise, puisque les barques de pêcheurs rentrent au port!! Un passager qui débarque à l'instant, se charge de jeter ma lettre à la poste. A la garde de Dieu! Souvenez-vous de moi.

ADIEU.

NEUVIÈME LETTRE.

Toulon, 6 mars 1840.

Je n'espérais plus revoir la terre, cependant nous voici débarqués à Toulon depuis hier. Quelle terrible chose que la mer en fureur ! Il faut le voir pour le croire. Grand Dieu, quand j'y pense, je frémis encore. Deux nuits et deux jours, sans pouvoir dormir, ni manger, et la mort sur les flots attendant ses victimes !! Je copie le journal du bord que publie aujourd'hui la feuille publique de Toulon.

« L'*Eurotas,* frégate à vapeur de l'état, partit
« de Marseille le 1er mars, avec 70 passagers et
« des dépêches pressantes pour l'Egypte. Dans la
« nuit, la mer fut si mauvaise, que ce bâtiment
« fut forcé de rentrer dans les eaux de Marseille.
« Reparti de cette rade, le 2, à 3 heures du soir,
« il a jeté ce matin, 5 mars, à 8 heures, l'ancre
« dans notre port, où il est entré après avoir es-
« suyé, pendant deux jours et deux nuits, une
« mer horrible, et cherché inutilement quelque
« port, sur la côte de France, d'où les vents le
« chassaient. Ce vapeur a dans ses roues plu-
« sieurs barres de fer tordues, et il n'a dû sa con-
« servation qu'à la solidité de sa construction.
« Deux hommes de l'équipage ont péri, en mer.
« D'autres sont blessés. Les paquebots de la cor-
« respondance d'Afrique, partis depuis hier, sont

« rentrés cette nuit, ainsi que d'autres bâtimens.
« Les nouvelles qui nous parviennent de la mer
« sont mauvaises. Nous devons nous attendre à
« de nombreux sinistres !! Déjà on a recueilli
« quelques cadavres à la côte. »

Depuis notre second départ de Marseille, les vents étaient un peu tombés. Néanmoins la mer était toujours mauvaise et les vagues arrivaient quelques fois sur le pont, où elles se brisaient avec fracas. Deux fois nous avions tenté le passage à la hauteur des eaux de Livourne, point le plus exposé de la Méditerranée, et deux fois, notre capitaine, intrépide jusqu'à l'audace, avait été forcé de virer de bord et de revenir sur ses pas, pour imaginer une nouvelle manœuvre. En attendant, il se passait à bord des scènes terribles de frayeur. Le capitaine, piqué des observations du commandant de Marseille, pressé d'ailleurs par ses dépêches, semblait avoir pris son parti, *périr ou passer !!* Cette résolution n'était que trop réelle, et elle se révéla dans deux mots. Plusieurs passagers, de haute distinction, firent auprès de lui les protestations les plus vives, et demandèrent en grâce de débarquer dans un port, n'importe lequel. Le capitaine répondit : *à bord des bâtiments de l'état, la vie des passagers compte pour rien !!* Il fallut se résigner devant cette volonté de fer et attendre que le manque de charbon ou toute autre circonstance le forçât de relâcher dans quelque port. Le soir de la journée du 4 fut un moment d'angoisses, et presque de révolte. Toutes les dispositions prises à bord nous annoncèrent que nous allions tenter pour la troisième fois, avec des vents plus furieux que jamais, le passage périlleux de la mer de Toscane, d'où nous nous étions retirés deux fois, comme par miracle. C'était trop longtemps se jouer avec la mort ! Un bâtiment hollandais venait de sombrer sous nos yeux, sans qu'il fut possible de lui porter secours. Les passagers protestèrent encore, mais inutilement, car le capitaine n'en fit pas moins son devoir. Le bâtiment commença donc une lutte inégale. Le ciel était pur et scintillant d'étoiles. Le vent seul était terrible et la mer effrayante à voir et à entendre, car elle se roulait avec le bruit du tonnerre. On aurait dit des montagnes qui s'écrasaient les unes sur les autres : les vagues brisées poussaient au loin des cris lamentables ! La nuit tombait. La cloche annonça l'heure du dîner. Tandis que tout présageait malheur, qui aurait donc pu manger ?.. Pour moi, pensif, je restai sur le pont, avec mes regrets, car parti à l'insu de mes parents, j'allais peut-être périr sans leur dernier adieu. La vague qui, depuis quelques moments, se brisait presque sans discontinuer sur le pont, nous avertissait que nous entrions dans le passage le plus dangereux. Le capitaine ordonna donc de fermer les sabords et consigna tous les passagers dans les chambres. Il était onze heures. Personne ne dormait. Tout à coup une montagne d'eau s'abat sur le pont, engage le vaisseau qui semble descendre dans l'abîme et se répand par torrents dans toutes les chambres. Le moment fut solennel et affreux !

Un lugubre gémissement sortit, comme le dernier, de toutes les poitrines ! C'était un adieu à la vie, car tout le monde se crut perdu. Par un effet tout providentiel, la vague qui devait nous perdre, nous sauva. En tombant sur les chaudières bouillantes, elle avait comme asphyxié les mécaniciens, qui arrêtèrent instinctivement les machines, et firent que le bâtiment, déjà enseveli et que les roues en mouvement auraient nécessairement conduit au fond des eaux, se dégagea peu à peu en craquant dans tous les sens et revint enfin à flot ! Quelle secousse alors ! Tout se renversa et se brisa ! N'importe, nous n'étions pas perdus ! Un cri de joie retentit dans toutes les chambres ! On s'embrassait, on pleurait ! Ce danger commun venait d'établir entre tous les passagers un sentiment qui ne peut pas périr ! *La barre au vent, tout, virez de bord, sur Toulon !* crie le capitaine, toujours calme, malgré cet extrême danger. Que de bonheur, après tant d'angoisses ! Il n'y avait plus de danger. Nous allions toucher une terre sacrée pour nous, la patrie, que nous n'espérions plus revoir. Non, vous ne pouvez pas éprouver ce sentiment comme je le sens aujourd'hui, autrement vous pleureriez comme moi de bonheur !

Nous sommes entrés dans le port de Toulon avant le salut de l'amirauté, c'est-à-dire avant 8 heures, moment où tous les bâtimens qui sont sur la rade hissent le pavillon et saluent par un certain nombre de coups de canon celui du bâtiment que monte l'amiral. C'est un acte imposant !

Tandis que les canons tonnent les musiques de tous les bâtiments font entendre les airs les plus joyeux, et les matelots, du haut des mâtures, poussent de joyeux houras ! Puis tout à coup les chalouppes, se détachant des vaisseaux, tombent à la mer et sillonnent, avec la rapidité de l'oiseau, le vaste bassin, soit pour porter à terre les officiers, soit pour ravitailler le vaisseau. Quel port que celui de Toulon ! On dirait une mer encadrée de forts, de châteaux et de magnifiques villes que couronnent des montagnes dont la cime déserte et aride paraît noircie et décharnée par les tempêtes.

Notre-Dame-de-la-Garde nous a protégés. Grâce à son intercession, nous sommes donc à terre. Je ne me lasse pas de le répéter, et pour le moment, je ne me sens pas capable de vous entretenir d'autre chose. Soyez sans inquiétude. Ma santé, malgré tout, est fort bonne. Nous avons passé un triste carnaval sur mer ; aussi allons-nous prendre la revanche. Anglais, Grecs, Turcs et Français, passagers de l'*Eurotas,* nous dînons tous ensemble. Ce sera un repas d'adieux, car plusieurs passagers, nous entre autres, renoncent à leur voyage par mer. Telle est la cordialité qui règne entre nous, que les anglais eux-mêmes, par respect pour nous catholiques, consentent à faire maigre. Ah ! il fallait voir comme la dernière heure change les esprits et les cœurs. Sur l'avant du navire cinq prêtres espagnols chantaient pieusement les litanies de la vierge, et les marins et les passagers leur répondaient. Que c'était touchant !! Le chant des prières se mêlait avec le mugissement des vagues. Nous avions à bord l'abbé Vidal, de Bordeaux, et un autre prêtre. Ils vont tous les deux en Perse, avec le baron de Damas. Les huit prêtres qui se trouvaient sur le vaisseau ne pouvaient pas suffire à entendre les confessions !! Les vieux renards étaient les plus pressés, car le temps était précieux, et les plus audacieux étaient déjà des agneaux anéantis aux portes de l'éternité. Ce naufrage produisit plus d'effet qu'une mission !! A demain ! Parlez de moi à nos amis, à Dieu !! Remerciez-le pour moi, toutes les fois que vous serez devant lui. La pensée de Dieu est la première consolation du cœur humain !!!

ADIEU.

SECOND VOYAGE
EN
ITALIE,
1840,

Par H. DORGAN, professeur,

Membre de la Société Française pour la description et la conservation des monumens historiques, etc.

QUATRIÈME LIVRAISON.

Marmande,
Imprimerie de Pélousin, rue Labarrière.
—
1844.

Avis aux Souscripteurs.

—

Des occupations nombreuses m'ont empêché de publier plus tôt cette livraison ; j'espère marcher plus vite à l'avenir et satisfaire ainsi l'empressement de MM. les Souscripteurs ; je leur donne l'assurance que je ne négligerai rien pour atteindre ce but et pour justifier la confiance qu'ils ont bien voulu m'accorder.

DIXIÈME LETTRE.

Voilà deux jours seulement que nous sommes arrivés à Toulon, et nous partons demain. Las de voyager à discrétion, nous prenons une voiture à nos ordres, qui, nous conduisant à Gênes à petites journées, nous laissera le temps de tout voir, et de tout admirer !!

Nous apprenons, à l'instant, que l'*Eurotas*, parti hier de Toulon, a été rejeté sur les îles d'Hyères, avec de fortes avaries ! Nous plaignons sincèrement nos amis, qui sont à bord, le capitaine lui-même, marin très-distingué, et nous leur souhaitons une meilleure traversée, puisqu'ils ne peuvent plus débarquer.

Le voyageur qui n'a pas visité l'Italie et l'Espagne, se console sous le beau ciel de la Provence et du Languedoc. J'ai quelquefois comparé ces climats, et soit amour de patrie, ou tout autre sentiment, je n'ai jamais osé prononcer !! Cependant sur les terres que baigne la Méditerranée, et où Marseille et Toulon s'élèvent comme deux magnifiques reines, l'une du commerce et l'autre de la guerre, vos regards rencontrent presque partout des oliviers, des plantations de mûriers et des jardins embaumés. Je comprends maintenant pourquoi ces contrées ont enfanté tant de troubadours et de ménestrels ! O France, ma patrie, tu es le plus beau pays du monde ! tu es le jardin embaumé de l'Europe, la nation la plus douce, la plus humaine, et disons-le sans crainte, la plus puissante, si, comme l'Angleterre, tu remplaçais le droit et la justice, par l'astuce, la mauvaise foi et la surprise !! Mère de tous les peuples qui te demandent la civilisation chrétienne, la liberté, les sciences et les arts, un jour, lorsque la perfide Angleterre, déjà vermoulue, aura lassé les peuples de ses mensonges, de ses injustices et de sa tyrannie, tu seras l'arbitre de leurs différends, parce que tu n'as pas d'ambition, et l'objet de leur amour ! Ton sol étonne les yeux de l'étranger qui te visite ! Partout la nature a ménagé des surprises au voyageur ! S'il rencontre, de distance en distance, des lieux arides, des plaines monotones, des contrées sans aucun charme, les vergers de la Normandie, les champs de lin de la Bretagne, les rives majestueuses du Rhin, les vignobles de la Bourgogne, les bords riches et délicieux de la Loire, les vallées fécondes du Dauphiné, les rives accidentées et opulentes de la Garonne, et un nombre considérable de villes magnifiques sous un ciel toujours tempéré, lui font bientôt aimer même ces lieux sauvages qui cachent des richesses minérales et couvrent des phénomènes souterrains.

Nous avons donc visité Toulon !! Depuis la conquête d'Alger, c'est le plus beau des trois grands ports militaires de France. On pense que sa rade est la plus belle de l'univers ! Quel mouvement !! On ne voit que des vaisseaux qui entrent, ou qui sortent ! On n'entend que le bruit des marteaux qui retentissent à bord des bâtimens, en rade, et dans l'arsenal, l'un des plus beaux établissemens de marine : de chaque côté, sont des bassins de carénage, où se retirent, comme dans leur loge, les bâtimens en réparation, ou ceux qu'on désarme. Ils sont là, comme de vieux guerriers silencieux, qui réparent leurs forces, ou attendent le signal du combat. Ce sont des monumens historiques qui nous rappellent les gloires de notre marine. C'est avec un sentiment de respect et de profonde émotion que nous sommes entrés dans le vaisseau *la Couronne*, pris sur les Anglais, qui n'a pas quitté la rade, depuis qu'il a transporté Napoléon revenant d'Egypte ! A côté de *la Couronne*, gissent, comme deux invalides qui ont assez de gloire, deux frégates venant du siège de St-Jean-d'Ulloa, des flancs desquelles on a retiré plus de 200 boulets, dont quelques-uns datent de nos guerres avec les Anglais ! On ne voit pas sans étonnement la corderie admirable, la salle des voiles, la fonderie de canons, les chantiers et les cases couvertes, où reposent, depuis bientôt cent ans, quelques vaisseaux qui n'ont pas encore touché la mer. Que vous dirai-je du bagne ? Sans doute, les bâtimens sont vastes et immenses, mais quel serrement de cœur n'éprouve-t-on pas, lorsqu'on pense qu'une partie du genre humain s'éteint là sans remords et sans pitié sous le poid du fer, de la souffrance, de la misère et du désespoir ! Quand, à l'heure du repas, les chaînes passent, vous diriez des damnés ricanant de rage et supportant la vie, parce qu'ils ont tout oublié !!

Nous avons gravi la montagne, pour voir l'endroit où Napoléon, jetant la première lueur de son vaste génie, dressa les batteries qui chassèrent de Toulon les Anglais et les Espagnols que la trahison et la lâcheté leur avaient livré. Le cœur vous bat, l'ame s'élève, lorsque, assis sur ce plateau, d'où l'on domine la ville, le bassin et la mer, on lit l'histoire du siège de Toulon !! J'aurais voulu avoir à mes côtés un de ces vieux soldats qui assistèrent alors le jeune lieutenant. Le souvenir de cet exploit lui aurait arraché des larmes. J'aurais pleuré avec lui, et cela m'eût fait du bien !

Toulon, *Telo Martius* ou *Telones portus*, fut longtemps colonie romaine. Cette ville, d'une origine douteuse, mais probablement grecque, comme Marseille, fut plusieurs fois ravagée par les Arabes et par les Barbaresques. Le connétable de Bourbon la prit en 1524, Charles-Quint, en 1536. Louis XIV la fit fortifier par le célèbre Vauban; en 1707, le prince Eugène et le duc de Savoie l'assiégèrent en vain.

Les îles d'Hyères, stœchades, au nombre de quatre, dont deux habitées, sont là jetées sur la mer, presque à l'entrée du port de Toulon, comme des bouquets verdoyans, en forme de pyramide, dont la base est un rocher. Ces îlots, jetés en vue de la France, répandent au loin le parfum délicieux de l'olive, de l'orange et du citron. Sites enchanteurs !... Les flots de la mer eux-mêmes les respectent, car dans leur plus grande fureur, ils viennent se coucher mollement sur la rive, comme pour leur témoigner leur amour. Les Romains leur donnaient le nom d'îles d'or.

Elles font partie du canton d'Hyères. *Arco*, dont la ville, assise à cinq kil. de la mer, et de la rade de son nom, qui est très-vaste et très-sûre, semble paisiblement sommeiller dans une position délicieuse, au milieu de bois d'orangers, d'oliviers et de pêchers, sous le ciel le plus chaud de la France. Les malades affectés de phthisie viennent y chercher un peu de vie.

Que Dieu vous garde, et vous en donne une longue et heureuse !!

Adieu.

ONZIÈME LETTRE.

Nice, 14 *mars* 1840.

Nous sommes à Nice, depuis hier. Nous avons rencontré sur notre chemin plusieurs villes et villages qui n'offrent rien de remarquable. Le second jour, nous avons déjeûné à Fréjus. Fréjus, *forum julii,* est une petite ville, assise sur le golfe de la mer qui porte son nom. La petite rivière, la Reiran, baigne ses murailles avant de se jeter dans la mer. Le port de cette ville, appelé Saint-Raphaël, est désormais historique. C'est là que débarqua Bonaparte à son retour d'Egypte.

Nous avons visité, à la porte de la ville, les ruines romaines d'un amphithéâtre, assez bien conservé, mais qui, abandonné à la merci de tous ceux qui font construire, se voit chaque jour dépouillé de quelque pan de muraille ou de quelque pierre. On voit encore à Fréjus les ruines d'un phare, d'un aqueduc; les restes de la porte César et de la porte Dorée. Son port fut très-important, du temps de l'occupation romaine. La ville fut un arsenal de marine, depuis Auguste. Ravagée par les Sarrasins, au IXme siècle, elle fut enfin reconquise et donnée par Guillaume, comte d'Arles, à l'évêque Rieulfe.

Du balcon de l'hôtel, nous voyions au loin, comme des nuages de fumée descendant de la montagne qui s'élève entre Cannes et Fréjus. Nous apprîmes aussitôt que c'était un incendie, qui consumait, depuis quatre jours, les pins et les chênes magnifiques qui faisaient naguère de la montagne de l'Estrel, une des plus riches en bois de construction ! La route d'Italie la traverse. Deux heures après, nous étions presque sur la cîme, à l'endroit appelé passage de l'Estrel. C'était horrible à voir et à entendre !! L'éclat du soleil empêchait de voir les flammes, mais des colonnes bleuâtres qui sillonnaient les nuages de fumée, et l'ardeur qu'on ressentait dans l'air, annonçaient assez la présence de l'incendie. On était sans danger sur la route, surtout sur la cîme du mont, car il n'y avait plus rien à brûler, si non les troncs et les racines carbonisés qui offraient un spectacle désolant.

Le soir, nous étions à Cannes, logés dans les appartemens qu'avaient successivement occupés Pie VII, Murat, la reine Hortense, le roi de Piémont et autres personnages illustres. Ce n'est pourtant pas l'élégance ni la somptuosité qui les distinguent, car ces célèbres appartemens sont des chambres d'auberge, tout à fait ordinaires. Malgré tout on est fier de les posséder et même d'en jouir quelque temps !...

Cannes est une toute petite ville, sur le golfe de Napoule, à treize kil. de Grasse. Les ruines d'un château-fort, ou plutôt d'un couvent dont l'église qui survit sert d'église paroissiale, dominent sur un rocher assez élevé et la ville et le port. C'est un site très-pittoresque, et où la nature est presque aussi belle que sur le sol de l'Italie. Un petit fort, bâti sur un rocher, à l'entrée du port, en défend l'approche. Je le vois de ma fenêtre, ainsi que la mer qui, toujours tourmentée par les vents de l'équinoxe, se brise furieuse contre les rochers qui servent de fondement à l'hôtel.

Voici la chronique du pays sur la cabanne où se retira quelques heures Napoléon, après son débarquement de l'île d'Elbe. Nous l'avons visitée, et, pour mon compte, j'aurais voulu pouvoir l'emporter.

Pierre était un vaillant pêcheur du golfe de Napoule, et propriétaire d'une cabanne et d'un petit clos, à quelque distance de Cannes, où il vivait heureux entouré d'une belle et nombreuse famille. Sur la fin d'avril, 1815, un étranger, arrivé depuis quelques jours à Cannes, lui demanda la permission d'entrer dans sa barque et de faire avec lui une journée de pêche. Pierre, le meilleur homme du monde, ne refuse personne, encore moins *les bonons* et *gros mossieus*. On était en mer, depuis quelques heures. On parle des Anglais, que Pierre n'aime pas, et enfin de Napoléon, alors exilé à l'île d'Elbe. Pierre ne savait guère dissimuler son affection pour le grand-homme, ce qui le compromettait quelquefois. Il ne faut pas désespérer de le voir débarquer, un jour, sur la terre de France, dit l'étranger ! Ah ! s'écrie Pierre, nous n'aurons pas ce bonheur ! — Vous êtes des siens, à ce qu'il paraît, continue l'étranger ? — Si je suis des siens, s'écrie de nouveau Pierre !! Je lui donnerais mon sang !! L'étranger en savait assez ! En débarquant le soir, il donna une forte étrenne au pêcheur, et disparut le jour même de la ville de Cannes. Quelques jours après, Pierre ne pensait plus à lui.

Le 1er mars 1815, Pierre et toute sa famille venait de rentrer dans la cabanne. C'était le soir. La brise de la mer, qui commençait à tiédir et à se charger du parfum des fleurs naissantes, annonçait le printemps. Comme ils commençaient à souper, on frappe à la porte. Le pêcheur ouvre. C'est un inconnu égaré, dit-il, et fatigué qui lui demande quelques heures d'hospitalité. Pierre, chrétien dans l'âme, compatissant à toutes les misères, ne refuse jamais l'hospitalité aux pauvres voyageurs. Il se trouve donc honoré de recevoir presque un confrère, car l'inconnu porte un sac de marin. Il lui offre aussitôt un siège et le force de souper avec lui. Il demande à sa femme une bouteille du meilleur vin, et avec le sans façon de marin, tiens, frère, dit-il, en prenant le verre, tu ne me trahiras pas, buvons à la santé du petit caporal ! — Volontiers, dit l'inconnu, en souriant et lui prenant la main, qu'il serre dans la sienne. Au même instant, sans frapper, un général et quelques soldats entrent !! Pierre frémit d'abord. Il se croit trahi; mais non !... Il reste stupéfait, anéanti : il a entendu !! *Sire, c'est l'heure !! Donnez vos ordres et partons !!* C'était l'empereur !! C'était Napoléon qui soupait avec lui !! Jugez de l'état du pauvre Pierre. Il ne put parler, mais il pleurait. — Adieu, Pierre, lui dit Napoléon, en lui serrant les mains, je te connaissais avant d'entrer dans ta cabanne. Adieu, mes enfans, dit l'empereur à la famille ! Je vous paierai bientôt mon souper, en attendant voici, et une lourde bourse tombait sur la table du pauvre pêcheur !! Vous savez le reste ! On commence déjà à ne pas y croire ! et cependant c'est la vérité !! La Restauration était accomplie. Les Bourbons vivaient sans crainte aux Tuileries, et la paix régnait en France. Napoléon part de la cabanne de Pierre, le pêcheur du golfe de Napoule, traverse la France en poste, son chapeau à la main, gagne par sa seule présence le peuple et l'armée, qui se prononcent pour lui, et arrive si précipitamment à Paris, que Louis XVIII sortait d'une porte, lorsque celui-ci rentrait par l'autre. Il s'installa au palais, comme s'il venait d'une promenade, et les Bourbons partaient une seconde fois pour l'exil. Voilà des faits étourdissans ! Il ne s'en suivit pourtant qu'un règne de cent jours !

Avant d'arriver au pont, jeté sur le Var qui sépare la France de l'Italie, nous avons salué, sur notre droite, la dernière ville de France, Antibes. Elle fut colonie marseillaise, fondée vers

340, avant J.-C. Après la prise de Marseille, par César, elle devint une place d'armes romaine. Les Arabes la ruinèrent, mais François Ier et Henri IV l'ont rétablie et fortifiée. Aujourd'hui, c'est une place forte. Je couchai dans cette ville, en 1835, et je pus me convaincre de la malpropreté des rues, et de sa misère ! La France y expire !!

Adieu.

DOUZIÈME LETTRE.

Nice, 16.

Pour la troisième fois je suis à Nice, sur cette plage privilégiée de la nature, où règne un printemps éternel !! J'étais bien triste et bien préoccupé de mon avenir, lorsque j'y débarquai, la première fois, à l'âge de dix-huit ans !! J'avais pris passage à Marseille, en 1831, sur l'*Henri IV*, paquebot à vapeur du commerce, qui devait visiter les principaux ports de la côte d'Italie, jusqu'à Naples. Le mauvais temps nous força, la première nuit, de relâcher dans le petit port de Villefranche de Nice ! Nous y débarquâmes, et de là nous nous rendîmes à Nice, qui n'en est séparée que par une haute montagne. La seconde fois, ce fut en 1835, tandis que le choléra dévorait les habitans de la côte de Gênes, jusqu'à Marseille. Quoique au mois de décembre, et l'hiver étant partout très-rigoureux, le printemps régnait néanmoins à Nice, et à mon grand étonnement, on y vendait sur les places publiques des bouquets magnifiques ! Je ne suis plus étonné que les malades de toutes les contrées de l'Europe se retirent à Nice !!! J'y arrive, pour la troisième fois, en mars, au moment où la nature se revet du manteau le plus riche, le plus varié et le plus éclatant ! Nice apparaît dans le fond d'une étroite vallée, que serpente un large torrent et que baigne la mer sur une immense plage, sur le long de laquelle règne une terrasse magnifique. Cette ville fut fondée par les Massiliens, qui la nommèrent Nicée, du grec *niké*, victoire, en mémoire d'une victoire qu'ils avaient remportée sur les Liguriens. Elle fut cédée aux Romains, avant le temps de César, qui en firent un arsenal maritime. Capitale du Comté de son nom, elle se donna, en 1380, à Amédée VII, duc de Savoie : ce prince et ses successeurs l'agrandirent et l'embellirent. Nice fut ensuite occupée par Charles-Quint et Paul III, en 1538. Réunie à la France, en 1792, avec le titre de chef-lieu du département des Alpes maritimes, elle fut restituée aux États sardes, en 1814. Nice, malgré tout, est restée essentiellement française; elle n'a et n'aime que notre langue, qu'on y parle, nos mœurs, et nos usages. Son climat est délicieux; le sol toujours couvert de verdure, et les côteaux boisés d'oliviers, d'orangers, de citronniers, de lauriers et de grenadiers.

Villefranche ou Villafranca me rappelait trop de souvenirs pour passer sans la revoir. J'ai laissé hier mes compagnons de voyage et deux Américains se reposer dans un bois d'orangers, et j'ai traversé seul la montagne. Du haut de la seconde crête j'aperçus Villafranca qui parait comme une petite ville en miniature, jetée sur les bords de la mer, entre deux noirs rochers. Je me rappelai mes compagnons de voyage de 1831, Scanniberg suisse, et Adamosky grec, qui après avoir visité la France, revenait dans sa patrie. Je m'assis au même endroit où nous nous étions reposés et d'où nous contemplions la mer. Je n'avais rien oublié : « Voilà un panorama digne de la Grèce, s'était « écrié Adamosky. Les sites de mon pays sont « aussi beaux que ceux que vous admirez ! Mais « ici, je vois partout l'image de l'abondance et de « la prospérité, tandis que chez moi, je ne ver— « rai qu'une extrême misère ! » C'était là qu'A- damosky, presque dans le délire de l'enthousi- asme et les larmes aux yeux, me reprocha de ne point connaître encore Lord Byron : « Ce fut, « en 1824, nous raconta-t-il avec des paroles « de feu, que le noble Lord débarqua à Misso— « longhi, et vint offrir aux Grecs sa fortune, son « épée et sa vie !! Homme admirable, et dont le « nom ne périra pas, il nous apporta des armes, « des munitions, et une presse pour l'impression « d'un journal, défenseur de nos libertés. » Cet homme généreux, au mâle courage, mourut à Missolonghi, le 7 avril de la même année. Le gouvernement de la Grèce déclara la patrie en deuil et consacra un monument à la mémoire de son libérateur !! » Si pauvre qu'on soit, on est toujours riche, quand on a de purs et délicieux souvenirs !! Ils nous font oublier bien de maux. Je descendis avec les miens à Villafranca, petit village, dont la population se compose presque toute de marins pêcheurs. J'ai rencontré l'hôte qui, en 1831, nous avait conduit, Adamosky et moi, dans sa maison, où nous acceptâmes, à force d'instance, un verre de café, selon l'usage d'Italie. Notre joie a été grande. Nous sommes allés nous promener ensemble jusqu'à la pêche au Thon, qui se fait avantageusement dans cette baie. Il a fallu accepter au retour un souper exquis, ce qui m'a fait manquer l'heure du dîner, à l'hôtel, où je ne suis arrivé que fort tard. On y était déjà très-alarmé sur mon sort.

Aujourd'hui nous avons visité ce qu'il y a de plus remarquable à Nice. Nous avons vu les ruines d'un immense amphithéâtre, des inscriptions et d'autres vestiges qui prouvent que le peuple roi est passé sur cette terre. Les Romains qui, comme les Français, après la gloire, aiment surtout un beau ciel, voyaient d'un œil de complaisance cette ville de Nice chère à Vertumne. Ils y prodiguèrent les monuments.

Nice est encadrée dans des montagnes qui insensiblement descendent et semblent offrir à tous les voyageurs, de quel côté qu'ils arrivent, des maisons de campagne charmantes, entourées et quelquefois couvertes d'oliviers, de mûriers et d'arbres fruitiers de toute espèce. Ces maisons de campagne sont peuplées d'Anglais, de Français, d'Allemands et de Russes. C'est dans cette vallée, jardin des Hespérides, que de tous les pays du monde on fuit l'hiver ; car, comme je vous l'ai dit, Nice, même pendant les hivers les plus rigoureux, est une espèce d'Eden, où tout fleurit malgré les neiges qui couronnent ses montagnes. C'est une espèce de serre, pour les santés délicates : c'est l'image de la terre promise ! Que ne suis-je plus riche, j'y fixerais mon séjour, d'autant plus qu'on est aux portes de la France, où l'on peut aller promener tous les jours ! Malgré mes regrets, nous partons demain !! Malgré tout ce qu'éprouve mon cœur, votre amitié le domine ! Votre pensée veille avec mon bon ange, à côté de moi, sans jamais me quitter. Ne m'oubliez pas, et retrouvons-nous souvent ! L'espace n'est rien, pour deux amis chrétiens ; leurs âmes se rencontrent sans cesse dans la pensée de Dieu ! Aimez moi, comme je vous aime. Que Dieu vous garde.

Adieu.

TREIZIÈME LETTRE.

Savona, 18 *mars* 1840.

N'arrivez jamais de nuit dans un hôtel, quelque grand seigneur que vous soyez. On y reçoit toujours, à cette heure là, avec des manières rebutantes. C'est la réception qui nous attendait à Savona, où nous sommes arrivés cette nuit, à 11 heures. Moi, le plus petit seigneur de tous, laissant les autres aux prises avec les exigences, je ne m'en suis pris qu'avec le lit que le besoin de dormir m'a empêché de reconnaître s'il était bon ou mauvais ! Ce matin, en me levant, j'ai trouvé le quartier plus tranquille et mes compagnons de voyage plus satisfaits !

Savona est une ville murée des États sardes, sur le golfe de Gènes, à l'embouchure de l'Egabona, à quelques lieues seulement de Gènes. Nous avons visité sur la hauteur une belle citadelle. Mais ce qui nous a le plus frappé, c'est la célèbre église de Notre-Dame-de-la-Miséricorde. Je ne me lasserai pas de vous parler de ces lieux où les malheureux viennent retremper leur âme brisée et apprendre à espérer encore ! L'espérance, cette fille du ciel, a choisi pour sa demeure spéciale les sanctuaires de la Vierge !! C'est pourquoi, à Savona, comme dans les autres églises de la Madone, les fidèles accourent en foule pour prier ou pour remercier !

Savona, patrie de Jules II, souverain pontife, et de Chiabrera, poète célèbre, surnommé le Pindare de l'Italie, eut des évêques dès le VIIme siècle, et devint florissante par son commerce. Les Gènois, qui en étaient jaloux, s'en emparèrent et comblèrent, en 1525, son port devenu presque aussi considérable que celui de Gènes. Les Anglais la bombardèrent en 1745, et le roi de Sardaigne la prit aux Gènois en 1746. Les Français s'en emparèrent en 1809 et en firent le chef-lieu du département de Montenotte. Cette ville se ressent encore, comme tout le reste de l'Italie, de l'impulsion que la France sait donner à l'industrie. Napoléon retint, la même année, Pie VII prisonnier dans cette ville. Qui sait, si le plus grand capitaine du monde, plus glorieux que César et

Alexandre, n'est pas allé expier sur le rocher désert de Ste-Hélène toutes les souffrances et les douleurs de deux pontifes persécutés ? Car qui pourra jamais s'expliquer une chûte si inattendue et si terrible qui entraîna le bouleversement de l'Europe !! Tout à coup la providence l'abandonne, et avec elle le génie qui l'a rendu sans pareil ! Une triste fatalité pèse sur sa destinée, et cet homme, que des peuples plus ignorans auraient pris pour un Dieu, poussa l'aveuglement jusqu'à se livrer à la nation la plus injuste et la plus inhumaine du monde. Le 15 juillet, quelques jours après la bataille de Waterloo, Napoléon, persuadé qu'aucune puissance ne pouvait violer le droit des gens, se réfugia à bord du vaisseau anglais le *Bellérophon,* d'où il adressa cette célèbre lettre, au prince régent d'Angleterre.

« Altesse Royale ,

« En butte aux factions qui divisent mon pays et à l'inimitié des plus grandes puissances de l'Europe, j'ai terminé ma carrière politique, et je viens, comme Thémistocle, m'asseoir au foyer du peuple britannique. Je me mets sous la protection de ses lois, que je réclame de votre altesse royale, comme du plus puissant, du plus constant et du plus généreux de mes ennemis. »

On répondit à Napoléon *qu'afin d'assurer la tranquillité de l'Europe,* les ministres anglais avaient choisi pour sa future résidence l'île déserte et insalubre de Ste-Hélène. Quelle abomination !! Qui absoudra l'Angleterre de cette violation ?.... Les enfans de chaque siècle reliront

avec colère, ces paroles de l'infortuné Napoléon :
« Je proteste solennellement ici, à la face du ciel et des hommes, contre la violation de mes droits les plus sacrés, commise, en disposant par la force, de ma personne et de ma liberté. Je suis venu librement à bord du *Bellérophon* ; je ne suis pas prisonnier, je suis l'hôte de l'Angleterre. Aussitôt assis à bord du *Bellérophon*, je fus sur le foyer du peuple britannique. Si le gouvernement anglais en donnant l'ordre au capitaine du *Bellérophon* de me recevoir ainsi que ma suite, n'a voulu que tendre une embuche, il a forfait à l'honneur et flétri son pavillon !

« Si cet acte se consommait, ce serait envain que les Anglais voudraient parler à l'Europe de leur loyauté, de leurs lois et de leur liberté. La foi britannique se trouverait perdue dans l'hospitalité du *Bellérophon*. J'en appelle à l'histoire : elle dira qu'un ennemi, qui fit vingt ans la guerre au peuple anglais, vint librement, dans son infortune, chercher un asile sous ses lois. Quelle plus éclatante preuve pouvait-il donner de son estime et de sa confiance ? Mais que répondit-on en Angleterre à tant de magnanimité ? On feignit de tendre une main hospitalière à cet ennemi, et quand il se fut livré de bonne foi, on l'immola !! »
On ne s'expliquera jamais comment Napoléon pût compter un instant sur la bonne foi britannique : mais l'heure avait sonné !...

A onze kil. de Nice, nous avons rencontré, sur un rocher qui s'avance dans la mer, la petite ville de Monaco, avec un port et une rade. C'est la capitale de la principauté de ce nom. La cour d'appel du tribunal de cette ville siège à Paris. Cette principauté est passée, depuis 1731, à la famille française de Matignon, qui a pris depuis lors le nom de Grimaldi, une des familles les plus puissantes de Gênes, dont ils furent les héritiers.

Depuis Toulon jusqu'à Gênes, le paysage est toujours presque le même. Les côteaux et les vallées sont partout couverts de vignobles magnifiques, de champs d'orangers, de citronniers, de grenadiers et d'oliviers. Les grandes routes, surtout dans la principauté de Monaco, sont bordées de superbes lauriers roses et de captus qui viennent là comme chez nous les haies d'aubépines. Çà et là, sur le flanc de la montagne, à l'abri des vents du nord, s'élèvent de beaux groupes de palmiers, qui, comme leurs frères d'Orient, laissent tomber de longs chapelets de dattes. La grande route serpente sur les flancs des rochers qui bordent la Méditerranée, tantôt sur la plage, à quelques pas des flots, tantôt à une hauteur prodigieuse, où vous voyagez en voiture comme sur un balcon aérien, d'où l'on voit la mer qui se brise à plus de deux cents toises, et les bâtimens qui la sillonnent au large dans tous les sens ! C'est le voyage le plus pittoresque que l'on puisse imaginer.

Onelli n'est pas très-éloigné de Monaco. Nous y arrivions comme les fidèles se rendaient à la bénédiction qu'on donne tous les soirs de carême. Les habitans de la côte de Gênes, presque tous pêcheurs ou marins, sont essentiellement religieux. Nous entrâmes dans l'église. Les femmes ou filles occupaient un côté de la nef, et les hommes et les garçons l'autre. Tout le monde se tenait dans un recueillement profond. Tout à coup hommes, femmes et enfans, tous, avec un entraînement puissant, chantaient l'hymne du Saint Sacrement, et l'orgue, ce roi des instrumens, tantôt se mariant avec les voix, tantôt réunissant toutes ses forces, les ramassait et les confondait avec la sienne ! Oh ! que c'était majestueux ! Que c'était grand et touchant ! Je me rappelai que la chronique rapporte que Diderot et Voltaire furent émus jusqu'aux larmes dans la chapelle de l'ermitage de Montmartre, où ils écoutaient le chant des litanies de la Vierge ! Le catholicisme a quelque chose que les hommes ne peuvent pas lui donner ; une puissance mystérieuse qui subjugue même l'impiété. Les autres cultes peuvent satisfaire le cœur, en partie, mais celui-ci le remplit, l'exalte, l'inonde !! Dans quelques jours un grand nombre de barques, élégamment ornées et chargées de rameaux de palmiers qui viennent surtout dans les environs d'Onelli et San-Remo, vont partir pour le port d'Ostie, avec les pélerins, d'où elles remonteront le Tibre, jusqu'à Rome. Elles y arriveront la veille des Pâques fleuries (le dimanche des rameaux). Une barque privilégiée porte les rameaux qui doivent servir pour la cérémonie du Vatican. On fait déjà les préparatifs ! Plus d'une mère, les larmes aux yeux, prépare le trousseau d'un enfant qui part pour ne plus revenir ! C'est une fille, ou un garçon qui s'en va chercher une autre famille dans quelque couvent, ou ramasser un peu d'argent dans la grande ville. Le père de Torlonia, dit-on, était venu lui aussi pèlerin sur une barque du golfe de Gênes voir Rome, où il commença à vendre des lies et des allumettes. Son fils est aujourd'hui, dans cette même Rome, duc et l'un des plus riches banquiers de l'Europe.

Nous allons dîner, ce soir, à Gênes. Je vous écrirai de cette ville que je connais déjà.

Adieu.

SECOND VOYAGE
EN
ITALIE,
1840,

PAR H. DORGAN, PROFESSEUR,

Membre de la Société Française pour la description et la conservation des monumens historiques, etc.

CINQUIÈME LIVRAISON.

Marmande,
IMPRIMERIE DE PÉLOUSIN, RUE LABARRIÈRE.

1844.

SE VEND :

A Marmande, chez M. PÉLOUSIN, imp.^r
A Casteljaloux, chez M. DORGAN.

Cet ouvrage, qui formera un beau vol. in-8°, se publie en 12 liv. ou 14 au plus. 25 c. chaque livraison. *(Écrire franco.)*

QUATORZIÈME LETTRE.

Gênes, 19 mars 1840.

Nous courons dans la ville depuis que nous sommes arrivés. Nous avons vu de belles églises. On en compte quarante à Gênes. C'est ce qu'il y a de véritablement magnifique. Je ne vous parlerai que des plus remarquables. La cathédrale est un édifice gothique, en marbre blanc tranché de bandes noires. La voute repose sur d'énormes colonnes en marbre. Les voyageurs y admirent surtout une chapelle ornée de quatre colonnes de porphyre, qui soutiennent un dais en marbre, orné de bas-reliefs de la plus grande beauté. Des statues grecques antiques, groupées autour de la chapelle, en complètent l'ornement. L'église de la Nunciata, pauvre à l'extérieur, est à l'intérieur merveilleuse de riches dorures, de fresques admirables et d'immenses colonnes en marbre rouge. Celle de Saint-Cyr est sans contredit la plus remarquable. Façade, intérieur, corniches, pavé, autels et statues, tout est en marbre blanc poli et d'une éclatante blancheur. On admire surtout dans cette église les bas-reliefs en marbre blanc qui représentent plusieurs sujets tirés de l'histoire de la Vierge. Ces morceaux de sculpture sont d'un fini presque inimitable. L'église de Saint-Ambroise se distingue par le grand nombre de ses beaux tableaux et la variété des marbres. On n'est point surpris de voir à Gênes les églises, les palais et même les édifices publics et tous les théâtres bâtis en marbre, lorsque toutes les rues en sont pavées !...

Gênes, que j'ai visité plusieurs fois, est une ville triste et silencieuse, quoique très-peuplée. Les rues où l'on monte et descend, sont très-nombreuses, extrêmement étroites et peu fréquentées. Il n'y en a qu'une d'assez large, dallée en marbre, garnie sur les deux côtés de superbes palais qui ont presque tous des portes à colonnes et des escaliers en marbre poli. La population de Gênes n'est ni polie ni élégante. La plupart des gens du peuple sont en costume de matelot et les femmes couvertes d'un mezzaro d'indienne à grandes fleurs. Les plus élégantes et les jeunes génoises surtout portent le dimanche, pour sortir, (car dans les maisons les italiennes sont toujours en cheveux tressés à la Madone), un mezzaro plus élégant. C'est un espèce de voile blanc en mousseline, qui encadre pour ainsi dire la figure !! Des écrivains ont mal jugé et mal parlé du caractère génois, Comme de tous les peuples, il y a du bien et du mal à en dire. J'ai vécu quelque temps parmi eux. J'ai pu me convaincre que quelques écrivains les ont trop sévèrement jugés, en les accusant d'être le peuple le plus trompeur et le plus intéressé de l'Europe.

Nous sommes allés en pleine mer pour mieux jouir du spectacle de Gênes, qui a quelque chose de très-imposant. On traverse d'abord un vaste port toujours rempli de bâtimens de différentes nations, puis balancés sur la vague, nous avons considéré ce vaste amphithéâtre de maisons bâties sur le flanc de la montagne. Gênes est assise sur le bord de la Méditerranée, à l'extrémité du golfe auquel elle donne son nom. Les cîmes de la montagne, couvertes de neige pendant plus de six mois de l'année, lui forment comme une chevelure blanche, qui sied très-bien à cette vieille reine des mers, qui eût comme Venise ses doges et sa flotte invincible. Hélas ! aujourd'hui la voilà ! Après des siècles nombreux de la plus éclatante prospérité, après tant de gloire, elle a passé dans dix mains et a cessé enfin d'être ville libre en devenant une simple ville du Piémont. Son port seul, vaste et magnifique, annonce le dernier reste de sa grandeur. Le port, aujourd'hui, n'offrait pas un grand mouvement. C'est le dimanche. On observe, dans ce pays, rigoureusement le dimanche. On ne fait dans le port et dans la ville que ce qui est indispensable. Tous les bâtimens sont pavoisés et les drapeaux des différentes nations s'agitent dans les airs, comme pour recueillir les sympathies des cœurs qui les aiment. J'ai toujours remarqué, dans mes différents voyages à Gênes, que le pavillon français était le plus aimé. C'est justice ! Qu'elle nation de la terre a fait plus que la France pour cette ville de Gênes, pendant qu'elle était sous sa domination ? Ce qui montre encore combien les génois aimaient la domination française, c'est le plaisir, c'est l'enthousiasme qu'ils font éclater chaque fois qu'ils parlent des Français. On voit qu'ils méritaient de l'être. Il est cependant juste de dire que le roi actuel du Piémont ne néglige rien pour embellir cette ville et lui rendre cette importance maritime que le temps et les circonstances lui ont enlevé. A Nice comme à Gênes et dans toutes les autres villes du Piémont, nous avons reconnu la marche d'un gouvernement religieux, sage, vigilant et fort ! La police nous a paru un peu trop ombrageuse à l'égard des étrangers et par fois trop tracassière envers les sujets de ce royaume !! A Onelli nous trouvâmes plutôt un dogue qu'un chef de police. Ignorant, injuste, emporté, cet employé est plus fait pour compromettre la dignité de ses fonctions, que pour maintenir l'ordre et faire respecter les lois. Le malheur des rois, c'est de n'avoir pour les représenter au milieu du peuple que des hommes vils ou remplis d'une sotte vanité, qui abusent de leurs pouvoirs et travaillent ainsi à fermenter la haine contre le souverain, au lieu de lui concilier l'affection de ses sujets. C'est un peu le défaut des employés du Piémont, ce foyer du jansénisme, où cette secte abominable revet toutes les formes pour influencer les volontés et les désirs d'un roi qui, à part toutes ses autres éminentes qualités, mérite certainement le titre de *roi bien aimé !!*

En rentrant dans le port, nous avons cotoyé sur la gauche, un phare, à la forme hardie et élégante, isolé sur un rocher qui s'avance dans la mer. En débarquant, nous avons visité le palais du célèbre Cèva Doria qui fut le Duquesne du sixième siècle. La mer se brise au pied du jardin contre une magnifique terrasse en marbre blanc. De là étant nous apercevions presque la maison, petite et délabrée, à environ une demie lieue de Gênes, où naquit le célèbre Christophe Colomb. Nous avons vu aussi les palais des Doges, de Serra et de Durazzo, où l'on monte par un large escalier, sur une belle terrasse tout en marbre blanc poli, d'où l'on découvre la vaste immensité de la mer, qui n'est bornée à vos regards que par l'horizon. Nous n'avons pas négligé de voir les lieux qu'a illustré la défense héroïque et désespérée du général Masséna. L'amiral Keith ne pouvait pas lui rendre un plus grand hommage qu'en lui disant après la capitulation : « *Général, vous valez à vous seul vingt mille hommes !!* » Peu de temps après les Français rentrèrent dans la place.— De là, nous sommes allés à l'église de Carignan, bâtie sur le sommet de la montagne. Elle est digne de Perugino. En face de la principale entrée de cette église, on voit un pont de plusieurs arches, construit aux frais d'un particulier, qui, partant du sommet de la colline de Carignan, l'unit à celle de Serrano. Il est d'une élévation si prodigieuse, que les maisons de six et sept étages qui se trouvent dessous, n'en atteignent pas la vingtième partie. On ne peut le regarder sans frémir. A l'arsenal, on nous a montré les cuirasses des dames génoises qui voulurent se croiser en 1301, pour aider à conquérir la terre sainte. Au moment de s'embarquer, le pape leur écrivit de ne pas s'exposer aux travaux pénibles de la navigation et des conquêtes et que c'était assez pour leur gloire de contribuer à l'ornement de la société. On voit dans la jolie et riche église de Saint-Laurent un vase d'émeraude,

Il fut donné, dit-on, au roi Salomon par la reine de Saba.

Gênes paraît avoir été fondée vers 707, avant J.-C., par les Liguriens. Conquise par les Romains, elle fit partie de la Gaule Cisalpine. Magon, frère d'Annibal, la détruisit pendant la seconde guerre punique. Après avoir subi le joug de presque toutes les puissances, elle fut dans ces derniers temps française pour la quatrième fois. En 1685, Louis XIV contraignit les génois à envoyer leur doge en personne dans Versailles lui demander pardon d'une insulte faite à son ambassadeur. En 1768, les génois cédèrent à la France l'île de Corse. En 1800, Gênes fut prise et reprise deux fois par les Français sur les Anglais et les Austro-Russes.

Gênes est remplie d'hôpitaux, de colléges et de couvents. On y trouve des religieux de tous les ordres, qui, tout en travaillant pour la religion et l'enseignement, donnent à cette ville un caractère remarquable de grandeur et de majesté. Les jésuites y dominent et possèdent presque exclusivement l'éducation de la jeunesse.

Je n'en finirais plus si je voulais vous parler de tout ce qu'il y a de remarquable à Gênes. Je ne puis même pas vous dire tout ici. Demain nous allons visiter le couvent d'Alvara, où se trouvent quelques religieux de mes amis intimes. Douce rencontre, bonne fête. Nous parlerons de vous. Souvenez-vous de moi.

ADIEU.

QUINZIÈME LETTRE.

Gênes, 20 mars 1840.

Nous avons reçu ce matin votre bonne lettre. Nous avions faim de nouvelles de France. Nous vous remercions donc de votre soin !.. Nous revenons d'une excursion pénible et lointaine. Nous sommes d'abord montés à la Bocchetta, plateau assez élevé d'où nous avons vu la mer toute bleue, toute vive et radieuse. Les barques se promenaient dans le port, celles des pêcheurs paraissaient au loin comme des pigeons blancs, et quelques gros navires couraient avec leurs voiles et leur pavillon échanger, avec d'autres peuples, les produits de l'Italie ! Dans ce moment, une frégate française gagnait majestueusement le large au bruit des salves d'artillerie ! C'était encore la patrie qui s'éloignait de nous !! Jusqu'à la Bocchetta, on rencontre de tous côtés de petites maisons peintes de diverses couleurs, jetées çà et là sur le flanc de la montagne : des jardins admirables, remplis de fleurs odorantes et de toute espèce de fruits ! Mais si on se croit dans un paradis terrestre, il ne faut pas aller loin pour trouver l'image de l'enfer. Nous avons trouvé de la neige sur le versant de la montagne et un froid excessif. Les vents fougueux y soufflent presque toujours avec violence. Néanmoins, nous nous sommes enfoncés un peu dans les gorges des Apennins, montagnes qui ne sont pas aussi audacieusement élevées dans les nues que les Alpes, mais qui semblent tomber en ruine de toute part ! Cependant on y rencontre de belles et fécondes vallées. Nous nous sommes arrêtés un instant sur la rive gauche de la Scrivia, immense torrent, qui, dans certains endroits, a plus d'une demie lieue de large, mais dont le lit était dans ce moment presque à sec. Sur l'autre rive, une voix touchante répétait presque sans suite d'idées, la fameuse chanson des *Condottiori* de la montagne ! Nous passons le torrent et nous voyons une jeune fille pâle, échevelée qui nous fixe en ricanant, puis nous montre de sa main, en sanglottant, la colline d'Alvara. Que s'était-il passé sur cette montagne ? Cette fille, dont la tenue et les manières annonçaient une folle, l'était-elle de naissance ou par l'effet de quelque catastrophe ? Nous tachâmes en vain d'obtenir d'elle quelque éclaircissement ! Le hasard amena près de nous un vieillard qui conduisait à la ville deux mulets chargés. Nous le priâmes de nous dire quelque chose de cette fille, dont le sort nous intéressait vivement. Il arrêta ses mulets et nous dit : « Les brûlantes raffales de juin, passant au travers des gorges des montagnes, avaient mûri les seigles de la vallée. Les longues herbes, avec les fleurs qu'elles voient naître, étaient tombées sous la faux du paysan. Les filles de la montagne, aux brunes épaules, folatraient gaîment et chantaient en chœur les rondeaux de la fenaison. Cette fille que vous voyez était alors belle et fraîche. On l'appelait la rose de la vallée. Si elle était la plus jolie, elle était aussi la plus vertueuse de la contrée, parce qu'on lui avait appris de bonne heure à craindre Dieu et à mépriser les vanités de ce monde. Chaque jour elle visitait la Madone et lui faisait sa prière. Fille des champs, elle aimait la campagne, et au lieu des plaisirs de la ville, elle aimait mieux les sources d'eau vive de la vallée, les jeux du soleil couchant à la lisière du bois, les touffes de plantes agrestes et de fleurs sans nom, inclinées sur les ruisseaux ! Après son père et sa mère, elle aimait par dessus tout sa maisonnette et ses orangers, sa chèvre et ses tourterelles. Plusieurs prétendants se disputaient la main de la vertueuse *Maria*. C'est ainsi qu'on l'appelle. Ernest était le préféré ! et on n'attendait plus que la fin de la moisson pour achever ce mariage. Un Condottiere avait conçu pour Maria un de ces amours qui, dédaigné, conduisent les hommes sans religion à quelque grand crime. Ernest et Maria furent tour à tour menacés ! Non, avait dit le Condottiere, je le jure, aucun autre que moi ne sera l'époux de Maria ! Malgré cela, les préparatifs du mariage étaient faits, et les deux jeunes époux devaient se présenter, dans huit jours, devant les autels ! Il y avait quelque temps qu'on ne voyait plus le Condottiere. Malgré tout, Ernest éprouvait un affreux pressentiment ! En vain Maria tâchait de le rassurer ! Le Condottiere, lui disait-elle, ne pense plus à nous, il ne m'aime plus, et je l'ai tant demandé à la vierge, qu'elle nous a délivré de ce mauvais génie ! Arrêtez, Maria, arrêtez, dit Ernest, certainement la vierge peut nous protéger ! J'ai toute ma confiance en elle ; mais je le sens, quelque orage nous menace ! Pauvre enfant, croyez-vous donc, continuait-il, que l'amour puisse ainsi disparaître et s'éteindre ? Oh ! non, Maria.., je le sens bien moi !!! Ernest ne se trompait pas. Le Condottiere désespéré avait voulu d'abord terminer son existence, en se précipitant au fond du gouffre de la Roche-Blanche ! Mais résolu de se venger, il était revenu depuis deux jours sur cette montagne. Personne ne se doutait de sa présence ! Il se tenait soigneusement caché, avec ses affidés. Un soir, Marie était allée s'assoir seule dans ce champ d'oliviers de son père pour y attendre Ernest. A ses côtés, elle avait déposé sur l'herbe son chapeau de paille à larges bords et son rateau de faneuse. Elle regardait couler à ses pieds les eaux fugitives du torrent, lorsque, sans avoir le temps d'entendre, ni de voir personne, elle se trouva un bandeau sur les yeux et la bouche baillonnée. Pauvre Maria ! la rose de la vallée !! Le pressentiment d'Ernest se réalise ! Le Condottiere tenait sa victime, qu'il emporta rapidement dans les montagnes par des sentiers périlleux et connus seulement des contrebandiers !!! En vain le père et la mère, Ernest surtout, la redemandèrent aux échos de la vallée ! Rien ne répondit à leurs plaintes ! Trois jours après cet enlèvement, on retirait de la mer, vis-à-vis la porte de la Laterne, à Gênes, le cadavre d'un jeune homme qui semblait avoir horriblement souffert: c'était celui d'Ernest, qui, venu à Gênes, pour redemander sa fiancée dont personne ne put lui donner des nouvelles, s'était précipité dans les flots. Le père et la mère de Maria séchaient de douleur. Ils n'espéraient plus revoir leur fille bien aimée qu'ils pleuraient nuit et jour. Huit jours après, à l'aube du jour, on trouva Maria devant la porte de son père !!! Que s'était-il passé ? Elle était folle. Son père mourut de douleur peu de temps après. Le Condottiere a disparu. La mère de la fille vit encore et se nourrit de larmes. Telle est l'histoire de cette pauvre fille qui ne connaît même pas sa mère. La pauvre enfant erre sans cesse dans ces lieux, et le soir elle rentre de bonne heure, car la nuit elle voit toujours des fantomes hideux et des brigands qui la poursuivent !! L'émotion du muletier était profonde ! Il nous a dit adieu et a suivit la route de Gênes. Pour nous, nous sommes allés jusqu'à la demeure de Maria, où nous avons vu sa pauvre mère ! Nous sommes arrivés tard, pour dîner, au couvent d'Alvara. On y connaissait mon arrivée à Gênes. Mes amis allaient partir pour venir me voir, lorsque nous y sommes entrés ! On a eu bientôt improvisé un second dîner pour nous. Rien de plus touchant que l'hospitalité des couvents, en Italie. Je vous en parlerai plus tard. Je suis si fatigué, dans ce moment, que je ne me sens pas la force de vous en dire d'avantage. Nous partons demain. J'attends une de vos lettres à Florence. Je vous écrirai probablement de Pise, où nous comptons nous arrêter un jour ou deux.

Adieu.

SEIZIÈME LETTRE.

Pise, 23 *mars* 1840.

On part de Gênes le soir, quand on veut voyager dans la malle poste. Après avoir traversé une chaîne des Apennins, où l'on est surpris, épouvanté, attristé et ennuyé tour à tour, on arrive à la douane du duché de Modène. C'est un taudion, où quelques hommes mal habillés, plus sales que la demeure qu'ils habitent et qui se nomment gabeloux, attendent les passants pour les rançonner s'ils peuvent, au nom de la loi. Malheur aux novices !! Un employé se présente et nous dit qu'il faut subir la marque des malles, ce qui allait s'exécuter, moyennant une somme de cinq francs ! Oui, lui dis-je, mais vous remettrez un reçu de la somme et une déclaration, comme quoi vous nous avez imposé, au nom de la loi, la nécessité de la marque !! Il comprit que ce n'était pas la première fois que nous traitions avec les employés mendiants ! Il passa de la fierté à la bassesse. Conduite habituelle des employés italiens !! Nous passions vers midi à Carrara, dans le duché de Massa, petite ville que baigne la Lavenza, à une petite distance de la mer. Nous visitâmes les carrières de marbre blanc qui la rendent si célèbre, ainsi que la grotte à stalactites. C'est un souterrain, où se fait une admirable concrétation par l'eau. Le soir, nous arrivions à Lucques, capitale du duché de ce nom, située sur les bords de l'Ozorra qui traverse les campagnes les plus riches, les plus fertiles de l'Europe. Nous eûmes le temps de visiter la cathédrale, monument gothique, et le palais public. C'est ce qu'il y a de plus remarquable dans cette ville.

Lucques est très-ancienne. On dit qu'elle fut fondée par les Thyrrhéniens ou les Lydiens. Elle devint colonie romaine l'an 178, avant J.-C. République au moyen-âge, elle subit à peu près le joug de tous les princes d'Italie. Elle soutint une longue guerre contre Florence, à la suite de laquelle on reconnut son indépendance. Elle l'a conserva même sous l'empire français, car Napoléon la donna à sa sœur Elisa, avec le titre de duché de Lucques et de Piombino. Ce duché est gouverné aujourd'hui par Charles-Louis, infant d'Espagne.

Il m'est impossible de vous donner une idée du pays que nous avons traversé depuis Lucques jusqu'à Pise. C'était la nuit, et une nuit des plus sombres. J'ai seulement remarqué que la population de Lucques se compose en général de fainéants. C'est pitié de voir, un jour ouvrable, les rues encombrées d'hommes et de femmes qui se promènent. On pourrait presque accuser la fécondité du sol de cette tendance générale à la paresse, qu'on trouve chez le peuple italien, car la terre qu'on ne cultive pas donne jusqu'à trois récoltes chaque année !!

Pise, que baigne les eaux de l'Arno, est la patrie de Galilée. A mon avis, c'est le plus beau titre; aussi je commence par celui-là. Pise fut bâtie par les Sicules, et fut ensuite appelée Pise par les Tyrrhéniens ou Lydiens, nom qui signifie dans leur langue, *port en croissant*. Strabon et Pline racontent qu'elle fut fondée après le siège de Troye par des habitans de la Pise d'Elide. Devenue colonie romaine, Auguste lui donna le nom de *Julia obsequens*. La mer qui arrivait autrefois auprès de ses murailles, en est éloignée aujourd'hui de plus d'une lieue. Après avoir été ruinée par les Goths et les Lombards et soumise par les Grecs, elle devint république libre en 888. Du X au XIIIe siècle, elle resta la rivale de Gênes, occupa la Corse, conquit une partie de la Sardaigne sur les Arabes, soumit Palerme, l'île d'Elbe; se fit donner un quartier et d'importants privilèges à Constantinople, à Antioche, à Tripoli, à Tyr, à Laodicée, à Ptolémaïs ! Gènes détruisit enfin le port de Pise qui perdit son indépendance. De 1707 à 1814, elle fit partie de l'empire français. Aujourd'hui elle appartient aux États de Toscane.

L'évêché de Pise, qui remonte au XIe siècle, fut érigé en archevêché en 1117. C'est dans le port de Pise, s'il faut en croire la tradition, que débarqua St-Pierre, venant prêcher Jésus-Christ aux Romains. On trouve encore à la métairie de l'archevêché, qui est bâtie sur les quais de l'arrière port, l'anneau en fer où fut attachée la barque, et le lieu où St-Pierre célébra, pour la première fois, les saints mystères. Cette tradition n'est point contestée, et j'avoue que devant ces souvenirs, un catholique se trouve très-ému. C'est à Pise que se tint, en 1409, le concile général, qui pour finir le grand schisme, déposa les deux papes rivaux, Grégoire XII et Benoit XIII, et nomma en leur place Alexandre V.

Nous avons visité les deux citadelles de Pise qui sont assez remarquables. Trois ponts en pierre, jetés sur l'Arno, relient les deux parties de la ville. La cathédrale de Pise est une des plus vastes et des plus magnifiques. On ne voit dans l'intérieur que colonnes de marbres ou de porphyre. En sortant de cette église, on trouve la fameuse tour penchée, haute de 59 mètres et inclinée de 5 mètres sur la base. On nous permit d'y monter. L'escalier est établi dans une muraille d'une épaisseur extraordinaire et toute en marbre. La tour se divise en plusieurs étages, soutenus sur des colonnades élégantes, qui forment à chaque étage le fond d'un balcon, d'où l'on domine la ville et la campagne. Elle a été continuée à trois époques. L'intention du premier architecte fut de l'élever d'aplomb : mais le terrain marécageux sur lequel on avait jeté les fondements, ayant cédé, lorsque la tour n'était encore qu'au premier étage, il abandonna les travaux. Un siècle plus tard, un autre fameux architecte entreprit de la continuer, en lui conservant, dans son ensemble, la pente qu'un accident lui avait donné. Je vous laisse à penser ce que le voyageur éprouve lorsqu'en visitant cette tour il réfléchit que c'est là que Galilée fit ses expériences sur la pesanteur des corps !! Nous avons visité le Baptistère, pièce très-remarquable. De là, nous sommes entrés dans le *Campo Santo*, cimetière que les flottes des Pisans ont recouvert d'un mètre de terre prise sur la montagne du Calvaire, à Jérusalem. Malgré les recommandations des gardiens, j'ai fait ample provision de cette terre consacrée par la présence et les souffrances du Sauveur. Je ne pardonne pas aux Pisans de laisser sous les portiques de ce cimetière des bains en marbre quoique très-antiques, parce que ces marbres païens, recouverts d'une Vénus ou d'un Cupidon, contrastent trop avec le respect qui est dû à ces lieux ! Sur le quai, on rencontre une petite église véritable miniature du style gothique dentelé ! On ne se lasse pas de l'admirer ! Le long des deux rives de l'Arno s'élèvent plusieurs palais magnifiques. Je voulus visiter la chambre où la princesse Marie d'Orléans, cet artiste admirable, cette fille tant aimée de toute sa famille, adorée de son époux, avait rendu le dernier soupir, loin de la France, sa patrie qu'elle chérissait tant !! Un seul de ses frères, le duc de Nemours, était accouru, juste assez tôt, pour lui porter les derniers adieux du roi son père, de la reine sa mère, de son illustre tante, de toute la famille enfin, qui pleurait inutilement à Paris, celle qu'on ne devait plus revoir !! O mort que tu es cruelle !! Tu as enlevé, au père le plus tendre, un an plutôt qu'aux insensibles étrangers, une fille admirable !!.. Et à quelque temps de là tu devais frapper un autre coup bien plus terrible !! Catastrophe lamentable qui devait plonger dans le deuil la famille royale et la France, car on ne s'y trompe pas, la mort du fils a commencé celle du père !! Vide immense et effrayant !! La providence, dans sa pitié, le remplira peut-être pour le repos de tous !!! Non loin de là se trouvent les traces de la Tour de la faim ! Je me rappelle avoir lu dans l'Enfer du Dante, cette lugubre histoire : « Ugolin, comte de Ghérardesca, issu d'une famille très-noble de Toscane, tenta, au XIIIe siècle, d'asservir Pise sa patrie. Le complot ayant été découvert par les amis de la république, Ugolin fut arrêté et jeté en prison, puis banni. Il passa dans l'armée des Florentins et des Lucquois, et aidé de leurs secours, il força ses concitoyens à le rappeler parmi eux. A force d'intrigues, il se fit nommer capitaine-général de la république. On l'accusa d'avoir trahi la flotte des Pisans, pour forcer ses concitoyens à se jeter dans ses bras. Néanmoins, il affermit son autorité, se défit de ses ennemis, soit en les exilant, soit en les laissant périr; en un mot, il devint le tyran de sa patrie et se livra aux plus grands excès. Mais s'étant brouillé avec l'archevêque de Pise, Ruggiero ou Roger d'Ubaldini, ce prélat conspira sa perte et fit prendre les armes au peuple, contre la tyrannie et l'abus de la force. Le comte Ugolin, attaqué dans son palais, fut pris après une vigoureuse résistance, avec quatre de ses fils et l'un de ses petit-fils ! Roger fit enfermer ces six personnages dans la tour dont je vous parle. Les cinq premiers jours, le guichet de la tourelle s'ouvrit régulièrement, à une certaine heure, et les prisonniers recevaient du pain et de l'eau; mais le sixième, on manqua l'heure, et les coups de marteaux annoncèrent aux prisonniers qu'il fallait mourir de faim. La grande porte en fer, roula elle-même sur ses gonds, pour ne plus s'ouvrir, car l'archevêque fit jeter dans l'Arno les clefs de la tour. Depuis huit jours Ugolin et ses enfans souffraient, sans rien dire ! Mais une pâleur livide, des accès presque de rage, annonçaient à l'infortuné père que le moment terrible approchait ! Le huitième jour le plus jeune de ses enfans tomba aux pieds du père, en lui tendant la main et lui demandant du pain !! Les autres défaillants et dissimulant mal leurs cruelles souffrances, priaient leur père de les dévorer pour vivre ! Le père, sans répondre, les yeux hagards et fixés au ciel, se rongeait les poignets de désespoir, tandis que les autres pleuraient ! Infortuné Ugolin, il les vit mourir un à un, sans pouvoir les secourir, et expira lui-même sur ce monceau de cadavres, en demandant au ciel vengeance pour la mort cruelle de ses enfans qu'on rendait responsables de la trahison du père !!!

La villa du Duc est une des plus belles d'Italie. Elle est immense et très-bien peuplée d'animaux de toute espèce. Nous avons vu avec étonnement à peu près 80 ou 100 chameaux dans les écuries des fermes, aussi dociles que des chevaux. On s'en sert pour transporter des sables et exhausser la plage sur les bords de la mer. On y fait à la belle saison des chasses magnifiques, toujours très-abondantes et très-variées !! Voilà tout ce que je puis vous dire de Pise, dont la population se ressent beaucoup de l'aisance et de l'industrie de ses ancêtres. Les Pisans sont polis, affables et très-religieux. On reconnaît déjà dans cette ville ce caractère qui distingue les Toscans de tous les autres peuples de l'Italie.

Nous partons demain matin pour Livourne. C'est une promenade d'une heure ou deux. Une route magnifique. N'oubliez pas de nous parler, dans votre prochaine lettre, de nos bons amis de France. Tel est l'instinct de la patrie, que nous cherchons partout quelque trace qui nous la rappelle. Et Dieu sait si l'on en trouve en Italie !! Aussi l'aimons-nous bien !! — Adieu.

SECOND VOYAGE EN ITALIE,

1840,

PAR H. DORGAN, PROFESSEUR,

Membre de la Société Française pour la description et la conservation des monumens historiques, etc.

SIXIÈME LIVRAISON.

Marmande,
IMPRIMERIE DE PÉLOUSIN, RUE LABARRIÈRE.
—
1844.

SE VEND :

A Marmande, chez M. PÉLOUSIN, imp.ʳ
A Casteljaloux, chez M. DORGAN.

Cet ouvrage, qui formera un beau vol. in-8°, se publie en 12 liv. ou 14 au plus. 25 c. chaque livraison. *(Écrire franco.)*

DIX-SEPTIÈME LETTRE.

—

Livourne, 24, dix heures du soir.

Des voyageurs, comme nous, si c'est le matin, déjeûnent en arrivant dans une ville, puis, sans perdre un instant, courent visiter tout ce qu'il y a de remarquable.

Livourne n'était qu'un village vers le XIIIe siècle ; c'est aux grands ducs de Toscane et à la ruine du port de Pise, qu'elle doit son développement et sa prospérité. Les rues de cette grande cité sont en général aussi droites que belles. Nous avons visité d'abord, sur la place publique, une belle église, qui est la cathédrale. De là, j'ai conduit mes compagnons de voyage, visiter le port, où j'avais débarqué en 1831, 1833 et 1835. On y remarque la statue de Ferdinand Ier, que Cosme II, son fils, lui érigea. Le héros qui est debout, fait un signe d'autorité de son bâton de commandement, et quatre esclaves enchaînés à ses pieds représentent les peuples qu'il a vaincus. Ferdinand Ier soutint le parti de l'honneur et des lois, dit un philosophe, en soldant les troupes d'Henri IV. Une iole légère nous conduisit au phare, en dehors du long môle qui protège le port, et que défendent quatre forts et deux citadelles. De la galerie de la lanterne, nous vîmes distinctement l'île d'Elbe. En rentrant, nous nous sommes arrêtés un instant dans la Minerva, rendez-vous de tous les étrangers. Nous y avons rencontré des hommes de tous les pays, et étudié, par cela même, un peu les mœurs des différents peuples. Nous étions au milieu de Turcs, au costume riche et majestueux, au turban bariolé ; de Maures dont le costume différait peu de celui des Turcs; d'Arméniens au turban noir comme celui des Perses ! Le restaurant de la Minerva est comme une tour de Babel, où l'on parle presque toutes les langues !! En sortant de la Minerva, nous sommes allés visiter les différentes églises et les cimetières.

A Livourne, à l'exception des protestants, tous les cultes ont leur temple. La synagogue, qui est régulièrement fréquentée par quinze mille Juifs, est l'une des plus belles de l'Europe. Deux sectes schismatiques, celles des Grecs et des Arméniens ont des temples fort beaux. Nous avons visité plusieurs cimetières. Celui des Hollandais est simple et solennel, tandis que celui des Anglais est de la plus grande magnificence. Le premier est, en quelque sorte, un charmant jardin, rempli de fleurs de toute espèce, tandis que l'autre, uniquement fait pour plaire à l'orgueil, n'est qu'or et marbre sous toutes les formes, jusqu'à l'enceinte même dont il est fermé. Les Français n'ont pas de cimetière particulier, parce que frères des Italiens par leurs croyances et presque aussi par leur origine, ils reposent avec eux sous l'ombre de la croix catholique. Du côté de la porte de Florence, nous avons admiré un aqueduc immense qui va prendre les eaux pures de la montagne de Colognole, à environ douze mille Italiens. A trois heures, nous avions visité tout ce qu'il y a de remarquable à Livourne. Nous avons fait, avant dîner, le pélérinage de Monte-Negro, célèbre sanctuaire de la Madone, à une lieue de la ville. On gravit, pour arriver au sommet, une pente pénible et rapide. Nous y avons rencontré beaucoup de pélerins qui priaient. Nous avons prié nous aussi, à genoux, celle qu'on n'invoque jamais en vain. En parcourant l'enceinte de la chapelle, toute revêtue d'*ex-voto*, je m'étais arrêté dans un endroit où je n'ai pu me défendre d'être visiblement ému. Mes compagnons de voyage l'ayant remarqué, qu'avez-vous donc, m'ont-ils dit ? Un souvenir m'arracherait presque des larmes. Voici ce qu'il s'est passé dans ce sanctuaire, à mon premier voyage, leur ai-je dit, en sortant ! Un Grec, nommé Adamosky, après avoir passé quelque temps à Paris, revenait dans sa patrie qu'il n'avait pas vue depuis la guerre de l'indépendance. Nous étions ensemble sur le paquebot l'*Henri IV*, qui relâcha à Livourne un jour. Nous étions venus à Monte-Negro. Près d'une colonne du sanctuaire, une jeune fille priait presque avec larmes. Son costume, sans être des plus recherchés, ne manquait pas de grâces. Un voile léger, jeté négligemment sur la flèche qui enlaçait les tresses de sa blonde chevelure, tombait sur ses épaules. Elle avait eu autrefois de la fraîcheur et de la beauté, mais son visage ne portait plus que les traces de la douleur. Sa modestie répandait sur tout son être quelque chose de céleste ! La physionomie de cette fille m'a frappé, me dit Adamosky !! En même temps elle se leva et sortit sans nous regarder. Nous la suivîmes sans affectation. De la manière la plus respectueuse, nous lui demandâmes la route la plus courte pour descendre la montagne. Elle nous la montra sans rien dire ! Adamosky lui demande alors si elle est de Livourne ! Hélas ! non, lui dit-elle en italien, qui trahissait une étrangère, mon berceau est loin d'ici : Livourne n'a été que mon tombeau.... Le sublime de ce mot nous atterra, et le soupir qui l'avait accompagné nous émut profondément !! De quel pays êtes-vous donc ? continua Adamosky. Ne craignez pas de faire connaître votre patrie.... Elle souleva lentement ses beaux yeux bleus, nous lança un regard scrutateur, puis, après une noble pose.... La Grèce est ma patrie, dit-elle ! La Grèce, s'écria Adamosky, en lui prenant les mains, et une flamme céleste brillait dans son regard !... La Grèce ! Ah ! de qu'elle contrée, de qu'elle ville êtes-vous ? D'Ipsara ! dit la jeune étrangère ! D'Ipsara, grand Dieu ! c'est aussi ma patrie !! Je pleurais de les voir pleurer tous deux ! Quelle rencontre touchante. Adamosky avait connu la famille de la jeune étrangère. C'était la plus jeune des filles d'un marchand d'Ipsara !! Quoi ! continua-t-il, Ophiloma était votre père, lui que le mien vit succomber dans les montagnes en combattant contre notre oppresseur ! O noble fille des Hellènes, que faites-vous sur cette terre étrangère ! Le ciel de la Grèce ne vaut-il pas celui de l'Italie !!! Il est vrai, nous sommes encore couverts de deuil et entourés de tombeaux, mais n'oubliez pas, ma sœur, que le pain de l'étranger a toujours beaucoup trop d'amertume !! Et la jeune fille regardait la terre qu'elle arrosait de ses larmes : ses pleurs, son attitude relevaient sa beauté : au nom de sa patrie son âme abattue s'était réveillée ! mais pas un mot ne sortait de sa bouche ! Quelle scène ! J'étais moi-même bouleversé. Adamosky, s'écria-t-elle enfin, ne vous occupez pas d'une infortunée! Je connais votre nom ! Je l'ai prononcé plus d'une fois ! Ne parlez pas de moi dans Ipsara, et n'unissez plus mon nom ni ma pensée à celle d'Ophiloma ! Je dois oublier ma patrie, mes parents et mes amis !! Je ne suis plus digne d'eux !! Je vous l'ai dit, Livourne a été mon dernier tombeau !! Je vous comprends, lui dit Adamosky. Hélas ! tel a été le sort du plus grand nombre des filles de la Grèce. Enlevées à leur patrie, on les prostituait à l'étranger comme des esclaves ! Tant de crimes seront un jour punis, et les cruels enfants de Mahomet, un jour, plus malheureux que nous n'avons été, seront traités comme des bêtes fauves ! Leur empire vermoulu se meurt; encore une secousse, et il ne sera plus ! Ne pleurez pas fille d'Ipsara ! Je vous retire de l'abîme, où la rigueur du sort vous a précipitée. Je suis fier de vous ramener dans votre patrie et de garder dans mon cœur le secret qui vous accable ! Adamosky prit le bras de la jeune grecque et nous nous rendîmes, en toute hâte, à Livourne, où, à force de démarches, on obtint de la faire embarquer avec nous le soir même. Vous comprenez que j'ai lieu d'être ému en visitant aujourd'hui le sanctuaire de Monte-Negro, où j'ai prié pour ces deux enfants de la Grèce, aujourd'hui heureux, sans doute, dans leur patrie !!

Nous sommes arrivés tard à Livourne, à notre hôtel de l'Aigle, où a logé Napoléon. Nous ne sortirons pas ce soir, car ici les malfaiteurs sont nombreux, les assassinats fréquents. Demain nous serons sur la route de Florence. Les voiturins font le trajet de Livourne à Florence en bien peu de temps. Ils vont toujours au galop ! Dieu veuille que nous n'allions pas trop vite, que nous ne laissions aucun membre en Italie. Portez-vous bien. — ADIEU.

DIX-HUITIÈME LETTRE.

Florence, 28 mars 1840.

Nous sommes, depuis quelques jours, dans la ville la plus jolie, la plus coquette et la plus élégante de l'Italie. C'est une ville qui n'a pour maisons que des palais superbes, des édifices magnifiques, des églises admirables, des places vastes et richement décorées, des rues larges et longues pavées d'immenses dalles de marbre, et pour murailles de circonvallation, des collines couvertes d'arbres fruitiers, d'oliviers, de vignes, de jolies maisonnettes de campagne et de beaux jardins que l'on cotoye jusqu'aux portes d'entrée !! C'est une terre privilégiée, que baigne l'Arno, qui la traverse sous trois ponts magnifiques. On dirait que c'est dans cette vallée, surnommée à juste titre, le jardin de l'Italie, que le génie a dressé sa tente !! Florence est, en effet, le berceau des hommes qui ont illustré les sciences et les arts ! Sans les citer tous, il suffit, pour s'en convaincre, de nommer Dante, Boccace, Machiavel, Guichardin, Pétrarque, Galilée, Améric Vespuce, Cimaboué, Brunelleschi, André del Sarto, le musicien Lulli, le pape Léon X, et autres.

Florence existait du temps des Etrusques, mais elle n'eût véritablement de la célébrité que quand Sylla en eût fait une colonie romaine. Prise et reprise successivement par Totila et Narsès, elle fut enfin ruinée. Charlemagne la releva en 781. Souvent en guerre avec l'empire, avec Milan, avec les Pisans, avec les papes; soumise à Naples de 1314 à 1317, elle acquit au milieu des guerres Pistoie, Arezzo, Pise. Elle passa, à partir de 1421, sous l'influence des Médicis, et finit par devenir le patrimoine de cette famille. Je dois à la justice de dire ici que, depuis que je connais l'Italie, dont j'ai visité plusieurs fois les grandes villes, surtout Florence, je n'ai jamais entendu faire que les plus grands éloges de la famille qui règne aujourd'hui en Toscane. J'ai vu moi-même le grand Duc, accourir en personne, en 1834, sur le lieu d'un désastre, faire enlever lui-même les blessés, les accompagner à pied comme un bon père, donner des ordres pour qu'ils fussent bien soignés et rentrer dans son palais béni de tous ses sujets et de tous les étrangers ! Soit dit encore à la gloire du Grand Duc de Toscane, dans ses États, où l'agriculture est très-avancée et très-bien soignée, et où le commerce et l'industrie ont acquis un grand développement, on jouit d'une grande liberté et d'une grande sécurité !!

Nous avons d'abord visité le palais Pitti, où réside le Grand Duc. Avec la protection de M. le chevalier Opizzoni, il nous eût été facile de nous présenter devant la famille régnante, mais nous nous contentâmes, crainte de paraître prétentieux, de parcourir les salles magnifiques, dorées et peintes à fresque, ornées de belles statues antiques, et les galeries, tapissées de tableaux admirables, d'une espèce de mastic jaspé de couleur rouge, blanche et noire, ce qui le fait ressembler à du porphyre. Cet usage est répandu dans toute l'Italie, surtout à Bologne, où il n'est pas rare de trouver les portiques le long des rues ainsi pavés. Le palais Pitti est certainement le plus beau de ceux qui existent en Italie. On y admire surtout une charmante salle de bain ; elle est carrelée en mosaïques; la baignoire, très-bien sculptée, est toute d'un bloc de marbre blanc précieux, aussi transparent que l'albâtre; une statue en marbre, un pupitre très-finement sculpté en marbre blanc, des bas-reliefs admirables, et deux glaces immenses, complètent l'ornement de cette salle.

Le jardin Boboli, le seul que possède le palais Pitti, est orné de petits bosquets d'ifs en pyramide, de statues en bronze et en granit, dont quelques-unes jettent un filet d'eau.

A côté du palais Pitti, nous avons visité le cabinet d'histoire naturelle, où l'on trouve une collection de minéraux et de pierres précieuses; il est admirable surtout sous le rapport des pièces anatomiques représentées en cire, de grandeur, de forme et de couleurs naturelles, avec une exactitude et une vérité incroyables. On les doit, pour la plupart, à une femme artiste.

La cathédrale, dite Duomo, est magnifique et immense. Elle est toute en marbre noir et blanc. On voit dans l'intérieur plusieurs beaux tableaux, quelques bas-reliefs, des statues de Michel-Ange, et plusieurs ouvrages d'autres artistes très-distingués.

Derrière le chœur de l'église de St-Laurent, est la fameuse chapelle des Médicis. Elle renferme les tombeaux de cette famille qui sont placés à une élévation de vingt pieds contre la muraille; chacun d'eux est orné d'une statue colossale en bronze, représentant le prince dont les dépouilles reposent dessous. Sur des coussins en bronze, on a déposé une couronne en or massif, de dimension égale à la tête de la statue colossale dont elle doit être l'ornement. La plupart des couronnes d'or sont enrichies de pierres fines, telles que topazes, rubis, émeraudes et diamans. Les murailles de la chapelle sont en marbres précieux de diverses couleurs et à dessins réguliers : le jaspe, la nacre, l'agate, le corail, les calcédoines et le lapislazzuli qu'on y voit incrustés forment des arabesques, ainsi que les chiffres et armoiries des principales villes de Toscane. Toute la voûte est décorée de peintures à fresque, dorée ou incrustée de pierres précieuses. Rien de plus riche et de plus magnifique en Europe !

La fête de la Sainte-Vierge a été célébrée, le 25 de ce mois, avec la plus grande pompe et le plus grand appareil ; dans la fameuse église de l'Annonciade, où l'on voit une célèbre chapelle de la Vierge. Le Grand Duc, avec toute sa cour, et accompagné de troupes nombreuses, assistait à la messe. J'étais assez près de lui pour le contempler à mon aise. Les étrangers admirent dans cette église plusieurs statues et bas-reliefs du célèbre Jean-de-Bologne ; des fresques magnifiquement encadrées de dorures qui décorent le dôme, et quatre figures colossales qui ressortent à un tel point, que l'on croirait voir des statues coloriées.

Malgré le triste aspect de son extérieur, l'église de Sainte-Marie-Nouvelle est une des plus belles d'Italie. Michel-Ange l'appelait la *Nouvelle Mariée*. On voit dans chaque chapelle un très-bon tableau de maître.

Dans la belle église de Sainte-Croix, qui appartient aux religieux mineurs conventuels, ou cordeliers, les aînés du savant ordre de St-François, on voit plusieurs tombeaux de personnages célèbres. On remarque celui de Michel-Ange Buonarotti, que surmontent trois statues en marbre d'une excellente exécution ; celui de Galilée, dont on nous montra le doigt, à la bibliothèque publique ; celui de Machiavel et de Léonard-Bruni Aretin.

Florence possède plusieurs établissemens scientifiques, artistiques et littéraires ; plusieurs académies et sociétés savantes, entre autres l'académie *della Crusca*, dont quelques-uns de mes amis d'Italie sont membres ! Si je ne craignais pas de paraître flatteur, je dirais ici tout le bien que j'en pense et tout celui qu'elle mérite !!

Les Florentins ont des mœurs douces; ils sont naturellement portés aux arts et aux sciences ; très enthousiastes des chefs-d'œuvre de leurs artistes, ils les vénèrent. Ils ont beaucoup de politesse, mais ils ne sont point communicatifs. Le peuple est très-complaisant. Quoiqu'on ne voye pas partout l'apparence de la richesse, il y a cependant peu de mendians. L'étranger se plaît à Florence, parce qu'il y vit sans défiance et sans crainte, au milieu d'un peuple civilisé, charmant et toujours prêt à vous rendre service. Si les Toscans n'ont pas le meilleur accent, ils sont ceux du moins qui possèdent le véritable génie de la langue italienne. Les gens du peuple, même ceux de la campagne, ont un langage plus pur et plus élégant que les personnes élevées des autres contrées. Dans ce que je dis, il n'y a rien d'exagéré !

Après demain, nous serons sur la route de Rome, passant par Siennes. Je n'ai point encore reçu votre lettre. Si je ne la reçois pas demain, je n'aurai de vos nouvelles qu'à Rome, où elle ira m'attendre. Je vous écrirai de Civita-Vecchia, où nous passerons une journée. — Adieu.

DIX-NEUVIÈME LETTRE.

Civita-Vecchia, 4 avril 1844.

Je n'ai pas quitté Florence sans beaucoup de regrets. J'y ai laissé des amis, des condisciples que j'ai embrassé probablement pour la dernière fois ! Ils sont venus nous accompagner jusqu'à la porte de la ville, d'où part le chemin de Rome par Sienne et Aquapendente. Nous avons attendu ensemble la malle-poste, à l'avenue du Poggio-Impériale. Près de la grille, sur une petite place carrée, on voit les statues en marbre qui représentent l'une Homère, et l'autre Virgile, et, vis-à-vis, celles du Dante et de Pétrarque. C'est sur cette place, dit-on, que les deux poètes italiens récitaient leurs vers au peuple !!

En sortant de Florence, on rencontre les Apennins. Là, ils sont couverts encore d'une assez belle culture, et la route est bordée un moment de haies d'aubépines et de grenadiers sauvages, mais à une lieue de Florence, ils sont d'un aspect affreux et inculte. Cependant la campagne revit presque plus belle et plus délicieuse que dans les environs de Florence, à mesure qu'on approche de Siennes. Nous y arrivâmes après minuit. Heureusement la lune brillait au ciel avec un éclat remarquable. Nous pûmes donc voir une superbe place en forme de coquille, la belle façade en marbre blanc de la cathédrale, très-bien orné dans l'intérieur, et la magnifique fontaine Branda !! J'avais vu Siennes dans un autre voyage. C'est dans cette ville qu'on parle, sans contredit, l'idiome le plus pur de l'Italie. Siennes, fondée par les Etrusques, reçut plus tard une colonie romaine sous Auguste. Au moyen-âge, ce fut une république puissante, longtemps rivale de Florence. Comme toutes les villes d'Italie, elle fut réunie à la France depuis 1808, jusqu'en 1814. C'est la patrie de Grégoire VIII, d'Alexandre III, de Ste-Catherine de Siennes et des deux Socine. Siennes est bâtie sur le cratère d'un ancien volcan; aussi cette ville est-elle sujette aux tremblements de terre, qui se font sentir plus ou moins fortement toujours vers le mois de septembre. A la pointe du jour, nous arrivions sur des cîmes de montagnes désolées et désertes ! La route serpente autour d'abîmes effrayants. Sur le mamelon d'un rocher de marbre paraissent au loin les ruines d'une espèce de citadelle ou vieux château. C'est là que se retranchaient, le jour, ces fameux brigands dont on a tant parlé, pendant l'empire français, et qui luttèrent quelque fois avantageusement contre les troupes régulières ! C'est endroit se nomme la montagne des brigands !! De tout temps ce passage fut dangereux ! Aujourd'hui encore on ne le traverse qu'avec crainte ! Le courrier nous a laissé déjeûner dans une auberge de pauvre apparence, jetée seule sur le premier versant des Apennins, où elle sépare les Etats de Toscane des Etats Romains. De la fenêtre de l'auberge, qui domine la contrée, nous voyions, par un beau soleil, des aigles noirs planer et chasser sur les cîmes des monts très rapprochés de nous ! Comme l'imagination grandit devant ces magiques paysages !! Un peintre seul pourrait rendre mes idées. A quatre heures du soir, nous dînions à Aquapendente, petite ville, ou bicoque ; il fallut encore payer, comme dans toutes les villes d'Italie, la bien venue, c'est-à-dire qu'on lit votre passeport, et vous êtes obligé de payer le *lecteur*, le *demandeur* et le *porteur !!* L'impôt des passeports est énorme et ignominieux, et bien capable de dégoûter les voyageurs en Italie !! Nous sommes enfin arrivés ce matin à Civita-Vecchia, où j'avais débarqué pour la première fois en 1831.

Civita-Vecchia, qui est aujourd'hui le port de Rome, fut prise par Totila, puis par Narsès, en 635. Elle fut souvent détruite, mais toujours rebâtie !! Nous avons visité, en traversant des rues fort sales et au milieu d'une population misérable, l'arsenal, les chantiers de constructions, mais particulièrement le bagne ! Nous y avons vu le fameux brigand dont la tête est restée à prix pendant plus de dix ans. Homme sans pitié, il immolait tous les voyageurs et suspendait leurs entrailles aux branches des arbres. Il avoue avoir tué pour son compte cent quarante victimes, dont cinq filles et onze femmes, trois enceintes qu'il éventra pour exposer aux yeux des passants le fruits qu'elles portaient. Les cheveux me dressaient sur la tête devant cet homme cloué, pour ainsi dire à la muraille, ses cheveux blancs en désordres, ses grands yeux caverneux, son front ridé par l'âge et par le crime. Après la dernière rencontre, entre les carabiniers du pape, et sa bande, qui périt presque toute, il capitula et se rendit, à condition qu'on lui laisserait la vie et la liberté, ou l'exil !! Le capitaine des carabiniers avait ratifié ce traité, afin de se saisir de cet homme épouvantable, qui promettait de son côté de pourchasser lui-même les autres brigands : mais le gouvernement pontifical qui redoutait trop un pareil citoyen et ne voulait pas doter un autre royaume d'un hôte aussi dangereux, lui accorda la vie, et le condamna à mourir dans les fers, dans le bagne de Civita-Vecchia. Il se plaint d'avoir été trahi ! Mais quel gouvernement aurait agi autrement ? J'avoue que c'est pitié de voir un vieillard toujours cloué dans des anneaux de fer contre la muraille ! Mais la justice des hommes réclame un pareil châtiment envers un scélérat qui n'eût pas de pareil !

Nous partons ce soir pour Rome. Je vous écrirai le jour même de mon arrivée dans la ville sainte ! — Adieu.

www.ingramcontent.com/pod-product-compliance
Lightning Source LLC
Chambersburg PA
CBHW070527100426
42743CB00010B/1982